Questões de Concursos Públicos para Analistas de Sistemas

Mais de 300 Questões com Respostas Comentadas

Alfredo Braga Furtado

2015

Capa:
Manoel Januário da Silva Neto

Editoração Eletrônica:
José Maria Sales Cordeiro

Revisão:
Valmir Vasconcelos de Araújo

Dados Internacionais de Catalogação-na-Publicação (CIP)

Furtado, Alfredo Braga.
    Questões de Concursos Públicos para Analistas de Sistemas/
Alfredo Braga Furtado. Belém: abfurtado.com.br, 2015.
150p.: il.

ISBN: 978-85-913473-2-2

1. Engenharia de Software e outras áreas da Computação.
2. Questões de Concursos Públicos I. Título.

CDD – 003.079

Dedicatória

À minha mãe, Beatriz, e para meu pai, Matheus (*in memoriam*).
A meus filhos, Alfredo André e Fernando Allan.
E a ela.

Prefácio

A abordagem adotada neste livro é tratar dos assuntos constantes dos programas dos concursos públicos a partir da forma como aparecem nas questões objetivas destes certames. Portanto, recomendamos que, como complemento ao estudo dos tópicos, os *concurseiros* resolvam estas questões e as repassem, buscando identificar o que precisam estudar ou reestudar. São pouco mais de 300 questões de concursos públicos, envolvendo os assuntos mais abordados nos concursos para os cargos de nível superior na área de Computação (analistas de sistemas, analistas de Tecnologia de Informação, analistas de suporte). Excetuando as questões creditadas, a quase totalidade das demais é de minha autoria. Como fiz com os escritos reunidos no livro **Páginas Recolhidas**, publicado em 2009, eu as trago a lume para que não se percam.

Um ponto que precisa ser mencionado é que as entidades organizadoras dos concursos pedem que os elaboradores formulem questões originais. Isto representa um obstáculo enorme, pois, afinal, fica cada vez mais difícil encontrar forma nova de apresentar assuntos tão batidos. Além disso, são determinados percentuais de questões 'difíceis' e 'muito difíceis' que devem constar das provas (30% a 40% de cada categoria); questões rotuladas como 'fáceis' nem são permitidas. Questões de dificuldade 'média' completam os 100%. Por isso, há uma tendência de que os formuladores busquem detalhes nos tópicos abordados. Estas minúcias trazem grande dificuldade: somente os que conhecem um assunto de forma aprofundada chegam aos detalhes. Fica, portanto, esta orientação aos *concurseiros*: estudar não só os assuntos com uma visão geral, mas chegar aos detalhes. A chance de sucesso será maior.

Outra orientação óbvia decorre da recomendação repassada às bancas elaboradoras das provas: cobrir todo o conteúdo do programa do edital. Então, quem deseja ter chance de sucesso na prova deve estudar minuciosamente todos os tópicos do programa. Normalmente, não há recomendação de bibliografia (deveria haver) nos editais. Se houvesse, todas as referências bibliográficas deveriam ser estudadas detalhadamente. Como não há indicação de bibliografia, boa sugestão é reunir referências que cubram todos os tópicos, com a visão de mais de um autor sobre os assuntos. Por exemplo, para concurso para analista de sistemas é inescapável que se tenha o livro de Roger Pressman (*Engenharia de Software*, 6ª ed. São Paulo: McGraw-Hill, 2006; como também, se possível, a 7ª edição do mesmo livro lançada em 2011). Além desta referência, pelo menos uma das seguintes: 1) Sommerville, Ian. *Engenharia de Software*. 8ª ed. São Paulo: Pearson Addison-Wesley, 2007; 2) Paula Filho, Wilson de Pádua. *Engenharia de Software: Fundamentos, Métodos e Padrões*. Rio de Janeiro: LTC, 2010.

Parece exagerada a abrangência dos tópicos incluídos neste livro, mas é o que normalmente é cobrado nos editais. Espera-se que o analista de sistemas tenha uma visão abrangente da área de computação. Isto sugere que as organizações esperam admitir superprofissionais, que possam atuar logo após o ingresso e que requeiram mínimo treinamento, restrito a metodologias e técnicas particulares adotadas como padrão na empresa.

O livro está organizado da seguinte maneira: as questões são reunidas por tópico. No fim de cada questão o leitor encontrará a resposta respectiva. Quando possível, serão acrescentados comentários que possibilitem cobrir o assunto cabalmente, tendo em vista possível questão futura sobre o assunto abordado. Aliás, as questões de concursos públicos têm a exigência da originalidade: não podem ser copiadas de concursos passados. Mas, variações sobre o assunto são permitidas. Com os comentários pretendemos ampliar o assunto tratado, para alcançar futuras questões.

Então, o leitor pode fazer os testes e logo em seguida conferir suas respostas, e também ler as explicações complementares existentes para a maior parte das questões. Os comentários adicionais sobre o assunto tratado na questão só não aparecem quando não é possível acrescentar algo à questão ou às suas alternativas; neste caso, apenas a resposta é mencionada.

Por fim, sugiro que o *concurseiro* tome os resultados dos testes que responde com base neste livro como auxílio à indicação dos pontos que ainda precisa rever ou aprofundar.

Mãos à obra! Estude sempre!

Alfredo Braga Furtado

Belém/PA, dezembro/2014.

SUMÁRIO

1. ENGENHARIA DE SOFTWARE

1.1 ALGORITMO

1) O trecho de algoritmo que executa a troca entre os valores contidos nas variáveis A e B é:

(A)
```
...
A ← B
B ← A
...
```

(B)
```
...
TEMP ← A
B ← A
A ← TEMP
...
```

(C)
```
...
TEMP ← A
A ← B
TEMP ← B.
...
```

(D)
```
...
TEMP ← A
A ← B
B ← TEMP.
...
```

Comentários: a alternativa correta é a D. A questão envolve a troca de valores contidos entre duas variáveis A e B. A alternativa A é incorreta porque, quando A recebe o valor contido em B no primeiro comando (A ← B), o valor contido em A é destruído, com o armazenamento na sua posição de memória do valor contido em B. O segundo comando (B←A) acaba por armazenar o valor contido em A na posição de memória de B. Portanto, se o objetivo era trocar os valores armazenados entre as duas variáveis, o que resultou com os dois comandos foi que o valor contido em A foi perdido, e as duas variáveis armazenam o valor contido em B. A alternativa B é incorreta porque as duas variáveis armazenam o valor contido em A, pois a variável temporária (TEMP) recebe o valor contido em A; no segundo comando, o valor de B recebe A, destruindo-o; o terceiro comando (A←TEMP) coloca o valor de TEMP em A. A alternativa C é incorreta porque, no primeiro comando TEMP recebe o valor contido em A, depois o valor de B é armazenado em A, mas quando TEMP recebe B, isto acaba por fazer com que as duas variáveis fiquem com o valor de B, e o valor de A é perdido. A alternativa correta é D, pois, no primeiro comando A é salvo em TEMP, após o valor de B é posto em A e, no fim, o valor de A (que ficou em TEMP) é armazenado em B. Portanto, com a execução da sequência de três comandos, o valor contido em A é passado para B e o valor que estava em B é passado para A. (FURTADO & ARAÚJO, 2013).

1.2 JAVA

2) Na linguagem Java, se x = 2.0 e y = 7.0, qual é o valor impresso pela seguinte instrução?

System.out.println(Math.pow(x,y));

(A) 128.0; (B) 28.0; (C) 14.0; (D) 3.5.

Comentários: a alternativa correta é a A. O método pow(x,y) retorna x elevado à potência de y (x^y), ou seja, 2.0^7. A classe Math faz parte do pacote Java.lang, importado implicitamente pelo compilador. Neste caso, o valor retornado pelo método pow torna-se argumento do método println. O método System.out.println encarrega-se de exibir ou imprimir uma linha de texto na janela de comando; a string entre parênteses é o argumento para este método (neste caso, o valor 128.0) (DEITEL, 2007).

3) Escreva uma única instrução na Linguagem Java para realizar a seguinte tarefa: "atribuir a soma de x e y a z e incrementar x por 1 depois do cálculo".

(A) z = ++x + y; (B) z = x++ + y; (C) z = x + y; (D) z = x + y + 1;

Comentários: a alternativa correta é a B. Na instrução da alternativa A ocorre o incremento de x por 1 e depois este valor é somado a y e armazenado em z. Na instrução da alternativa C o valor de x é somado a y e o resultado é armazenado em z; não ocorre o incremento de x por 1 como pedido no enunciado. Na instrução da alternativa D, o valor de X é somado com y e incrementado de 1; não é o que foi pedido no enunciado (DEITEL, 2007).

4) Com referência às instruções na Linguagem Java listadas abaixo, considerando-as isoladamente, pode-se afirmar:

```
1        x = x + 1;
2        x += 1;
3        ++x;
4        x++;
```

A) Dependendo do valor inicial de x, cada instrução produz um resultado diferente da outra.

B) As instruções 3) e 4) duplicam o valor inicial de x.

C) A instrução 2) atribui o inteiro 2 à variável x.

D) Cada uma das instruções adiciona 1 à variável de inteiro x.

Comentários: a alternativa correta é a D. Portanto, as 4 instruções acrescentam 1 à variável x. A instrução da linha 1 é a forma oriunda das linguagens mais antigas (como FORTRAN). A instrução da linha 2 usa o operador composto de atribuição de adição (+=), em que o valor da expressão à direita do operador é adicionado à

10

variável à esquerda e armazena o resultado na variável à esquerda do operador. A instrução da linha 3 usa o operador ++ com pré-incremento; a linha 4 usa o operador ++ com pós-incremento (DEITEL, 2007).

1.3 PROCESSOS DE SOFTWARE (PRESCRITIVOS E ÁGEIS)

5) Um exemplo de modelo de processo ágil é:
(A) O modelo RAD; (B) A Programação Extrema; (C) O modelo incremental; (D) O Processo Unificado; (E) O modelo espiral.
Comentários: a alternativa correta é a B. A alternativa A é falsa. O modelo RAD – Rapid Application Development – é um modelo prescritivo que tem como característica o emprego de várias equipes na fase de construção para garantir rapidez ao desenvolvimento de sistemas. A alternativa C é falsa; o modelo incremental prevê a associação de requisitos a vários incrementos, planejados para entrega em datas determinadas para os usuários; é um modelo prescritivo. A alternativa D é falsa; o Processo Unificado (RUP) também é um modelo prescritivo, criado pelo trio de metodologistas que criou a UML. A alternativa E é falsa, pois o modelo espiral (criado por Barry Boehm) é prescritivo, e caracterizado por incluir uma etapa de análise de riscos de implementação dos requisitos coletados, em seguida faz-se a implementação destes requisitos, leva-se ao usuário para avaliação e coleta de novos requisitos, até que não haja mais requisitos a implementar. Por sua vez, a Programação Extrema é o modelo ágil criado por Kent Beck, que encabeçou o chamado Manifesto Ágil (www.agilemanifesto.org) com a criação de uma abordagem que prioriza, dentre outros princípios, a produção de código o mais cedo possível, para entrega imediata aos usuários.

6) Sobre a Programação Extrema (XP), pode-se afirmar:
(A) A primeira atividade do *framework* de XP é a análise.
(B) Antes da codificação de uma história de usuário, XP recomenda que uma série de testes unitários correspondente à história seja desenvolvida.
(C) Há recomendação de que uma especificação abrangente e detalhada sobre o sistema seja produzida.
(D) Durante a atividade de codificação o trabalho de programação é realizado individualmente pelos programadores.
Comentários: a alternativa correta é a B. O framework da XP é constituído das seguintes etapas: Planejamento, Projeto, Codificação e Teste. Portanto, a alternativa A é incorreta. A alternativa C é incorreta porque os modelos ágeis se caracterizam por não enfatizarem a produção de documentação abrangente e detalhada. A alternativa D é incorreta porque a XP enfatiza a codificação em duplas, de modo que um programador não monopolize o desenvolvimento do programa. A alternativa B é a correta porque XP enfatiza que a produção dos casos de teste

preceda a codificação. Kent Beck disse que escolheu a palavra "extrema" para nomear a XP por levar a extremos certos aspectos que não eram levados em consideração nas abordagens existentes no desenvolvimento de software: uma destas é a criação de dados de testes – a produção destes dados que eram relegados nas abordagens prescritivas – com a XP passaram a ser produzidos antes da escrita de qualquer linha de código.

7) A prática da programação extrema que estabelece que os desenvolvedores devem recriar o código continuamente tão logo aprimoramentos sejam identificados chama-se
(A) integração contínua; (B) pequenos *releases*; (C) desenvolvimento *test-first*; (D) *refactoring*.
Comentários: a alternativa correta é a D. A recriação de código tão logo se perceba que alguma melhoria pode ser feita é chamada de refactoring (refatoração). É frequente a descoberta de código que poderia ser melhorado depois da sua implantação; com a refatoração, quando se percebe a possibilidade de alguma rearrumação do código, procura-se fazê-la. A alternativa A menciona 'integração contínua' que nada tem a ver com a melhoria de código implantado. A alternativa B menciona pequenas liberações ('releases') de código, que é uma característica das abordagens ágeis. A alternativa C cita o desenvolvimento de dados de testes primeiro (antes da codificação), que é uma prática da XP, mas não é o que foi pedido no enunciado.

8) O processo ágil que tem como fases "Especulação", "Colaboração" e Aprendizado" é o
(A) Crystal; (B) Scrum; (C) Feature Driven Development; (D) Adaptative Software Development.
Comentários: a alternativa correta é a D. O modelo Scrum (alternativa B) apresenta as seguintes atividades: requisitos, análise, projeto, evolução e entrega. Em cada atividade, as tarefas ocorrem em sprints; o trabalho realizado em um sprint e o número de sprints dependem do problema em mãos. O modelo scrum realiza reuniões diárias de 15min; os membros respondem as seguintes perguntas: 1) O que você fez depois da última reunião Scrum? 2) Você tem algum obstáculo? 3) O que você vai fazer até a próxima reunião? É mantida uma lista de pendências (com prioridades) com requisitos importantes para o cliente, atualizadas pelo gerente. A Feature Driven Development – FDD (alternativa C) inclui as seguintes atividades: 1) desenvolver uma medida global; 2) construir uma lista de características (features); 3) planejar por característica; 4) projetar por característica; 5) construir por características (PRESSMAN, 2006).

9) Quais são as quatro atividades do *framework* do modelo de processo Programação Extrema (XP)?
(A) Planejamento, Análise, Projeto, Codificação; (B) Análise, Projeto, Codificação, Teste; (C) Comunicação, Planejamento, Modelagem, Codificação; (D) Planejamento, Análise, Codificação, Teste; (E) Planejamento, Projeto, Codificação, Teste.
Comentários: a alternativa correta é a E. Uma característica do arcabouço do XP é a inexistência da fase de análise, já que a premissa das abordagens ágeis de modo geral é a criação de código mais cedo no processo de desenvolvimento.

10) A primeira atividade do *framework* da Programação Extrema (XP) é:
(A) a Análise; (B) o Planejamento; (C) o Projeto; (D) a Codificação.
Comentários: como se viu na questão 9, a primeira atividade é o Planejamento (alternativa B é a correta).

11) Qual é a opção listada abaixo que contém características utilizadas na fase de Projeto da Programação Extrema ("*Extreme Programming*" – XP)?
(A) Criação de narrativas do usuário ("*stories*"); utilização de cartões CRC; (B) Programação em dupla; teste de unidade; (C) Teste de unidade; teste de aceitação; (D) Aplicação do Princípio KIS ("*Keep It Simple*"); utilização de cartões CRC; (E) Definição de critérios de aceitação; elaboração do plano de iteração.
Comentários: a alternativa correta é a D. Na alternativa A: a criação de narrativas do usuário é feita na fase de planejamento, o que invalida a alternativa. Na alternativa B: a programação em dupla e o teste de unidade ocorrem na fase de codificação. Na alternativa C: o teste de unidade ocorre na fase de codificação e o teste de integração ocorre na fase de teste. Sobre a alternativa D (correta): além do Princípio KIS e da utilização de cartões CRC, na fase de projeto utilizam-se protótipos em soluções complexas. Na alternativa E: as duas atividades citadas ocorrem na fase de planejamento.

12) Analise as seguintes afirmativas.
I. *Extreme Programming*, RUP e Prototipação são exemplos de métodos ágeis.
II. Na UML2, diagramas de contextos são usados para representar o sistema e sua interação com atores e ambiente externo.
III. Os padrões de projeto de *software* são classificados em padrões de criação, estruturais e comportamentais.

IV. A falha para cumprir um requisito funcional pode degradar o sistema e a falha em cumprir um requisito não-funcional pode tornar todo um sistema inútil.

A partir dessa análise, pode-se concluir que estão *INCORRETAS*
(A) todas as afirmativas; (B) apenas as afirmativas I e II; (C) apenas as afirmativas I, II e III; (D) apenas as afirmativas I, III e IV; (E) apenas as afirmativas II e III. (POSCOMP/2008)

Comentários: a alternativa correta é a B. A afirmativa I é falsa, pois RUP e Prototipação não são métodos ágeis. A afirmativa II (falsa) menciona um diagrama inexistente na UML 2 (diagrama de contexto). As afirmativas III e IV são verdadeiras.

13) Analise as seguintes afirmativas.

I. Existem vários modelos de processo de *software* ou paradigmas de engenharia de *software*. No paradigma conhecido como ciclo de vida clássico, a especificação pode ser desenvolvida gradativamente à medida que os usuários conseguem compreender melhor suas necessidades.

II. O gerente de projeto é responsável pelas atividades de planejamento, gerenciamento de riscos e pela estimativa de custo e de esforço (homem-hora) para a realização de um projeto.

III. O teste estrutural requer o conhecimento do algoritmo e da implementação do programa na definição dos casos de teste.

IV. Após a entrega e implantação do *software* ao cliente, há uma etapa de manutenção, que tem por objetivo unicamente corrigir erros e defeitos encontrados no *software*.

A partir dessa análise, pode-se concluir que estão *CORRETAS*
(A) todas as afirmativas; (B) apenas as afirmativas I e II; (C) apenas as afirmativas I, II e III; (D) apenas as afirmativas II e III; (E) apenas as afirmativas II, III e IV. (POSCOMP/2008)

Comentários: a alternativa correta é a D. A afirmativa I é falsa, pois no ciclo de vida clássico o sistema não é desenvolvido gradativamente; ele é entregue completo. As afirmativas II e III são verdadeiras. A afirmativa IV é falsa porque na etapa de manutenção podem-se fazer adaptações ou aperfeiçoamentos, além de corrigir erros, para manter o software operacional. A afirmativa IV não reconhece a existência da manutenção adaptativa e da perfectiva, e não só a corretiva. Aliás, há ainda a manutenção preventiva (a que se faz para facilitar manutenção futura).

14) No desenvolvimento em espiral, cada *loop* representa uma fase do processo de software. Identifique abaixo a opção que contém os quatro setores que compõem cada *loop* do desenvolvimento em espiral:

(A) Definição dos requisitos, análise, projeto e testes; (B) Descrição dos objetivos, planejamento, identificação dos riscos e testes; (C) Requisitos, desenvolvimento, validação e evolução; (D) Identificação dos riscos, projeto, implementação e testes; (E) Definição de objetivos, avaliação e redução dos riscos, desenvolvimento e validação, e planejamento.

(POSCOMP/2006)

Comentários: a alternativa correta é a E. É característico do modelo espiral a avaliação de riscos; desta forma, podemos logo descartar as alternativas A e C. A alternativa B não apresenta a etapa de desenvolvimento. A alternativa D não apresenta a etapa de planejamento. Resta a alternativa E: ela contém todas as etapas, apesar de as tarefas do loop não se encontrarem ordenadas no tempo

15) A construção de sistemas é difícil devido à sua complexidade. Um fator crucial para gerenciar esta complexidade é o processo adotado para o desenvolvimento. O conjunto básico de atividades e a ordem em que são realizadas neste processo definem o que é também denominado de ciclo de vida do software. Analise as seguintes afirmações sobre processos de software:

I. Um modelo de processo de software é uma representação abstrata de um processo; Exemplos de modelo de processos de software genéricos são o modelo *waterfall* (cascata) e o *spiral (*espiral);

II. O modelo de processo w*aterfall* ainda é hoje em dia um dos mais difundidos e tem por característica principal a codificação de uma versão executável do sistema desde as fases iniciais do desenvolvimento, de modo que o sistema final é incrementalmente construído, daí a alusão à ideia de "cascata" (*waterfall*);

III. Em um processo de software incremental, o desenvolvimento do sistema é iterativo e partes de suas funcionalidades (denominadas "incrementos") são entregues na medida em que são desenvolvidas; assim, estas entregas parciais tentam priorizar as necessidades mais urgentes do usuário e podem auxiliar a revisão e a uma melhor definição das partes ainda não entregues;

Levando-se em conta as três afirmações I, II e III acima, identifique a única alternativa válida:

(A) apenas a I e a II estão corretas; (B) apenas a II e a III estão corretas; (C) apenas a I e a III estão corretas; (D) as afirmações I, II e III estão corretas; (E) apenas a III está correta.

(POSCOMP/2004)

Comentários: a alternativa correta é a C. A afirmação I é verdadeira. A afirmação II é falsa porque o modelo cascata não leva à produção de software executável desde as fases iniciais e nem segue o desenvolvimento incremental. Esta abor-

15

dagem tem este nome porque as etapas ocorrem em sequência, sem retorno à etapa anterior. A afirmação III é verdadeira.

16) A situação atual do desenvolvimento de software encontra-se aquém do ideal. Sistemas são invariavelmente entregues com atraso ou com o orçamento estourado, isto quando são efetivamente entregues... E o que é pior, frequentemente eles não atendem os requisitos dos clientes. Existem várias alternativas de tentar enfrentar este desafio, entre as quais a adoção de métodos formais, a sistematização do desenvolvimento usando processos tais como o *Unified Process* e a integração de novas tecnologias. Uma outra abordagem que recentemente vem ganhando adeptos é o Desenvolvimento Ágil de software. As seguintes afirmações dizem respeito a ele.

I. Suas ideias principais estão divulgadas em um Manifesto para o Desenvolvimento Ágil de Software escrito pela Aliança Ágil (*Agile Alliance*), que reúne autores famosos como Martin Fowler, Alistair Cockburn, Scott Ambler, Ward Cunningham e Kent Beck;

II. Desenvolvimento Ágil basicamente concentra-se em melhorias na comunicação (interna à equipe e com os clientes), na entrega incremental de várias versões funcionais do software continuamente até o fim do projeto e na maleabilidade e dinamicidade do desenvolvimento, facilitando as respostas às mudanças que aparecem durante este desenvolvimento.

III. A técnica mais conhecida de Desenvolvimento Ágil é a Programação Extrema (*Extreme Programming* - XP) que entre suas práticas possui programação em pares (*pair programming*), entregas pequenas (*small releases*) e frequentes, a propriedade coletiva do código (*collective ownership*), abolindo as práticas de teste e os padrões de codificação;

Levando-se em conta as três afirmações I, II III acima, identifique a única alternativa válida:

(A) apenas a I e a II estão corretas; (B) apenas a II e a III estão corretas; (C) apenas a I e a III estão corretas; (D) todas as afirmações estão corretas; (E) nenhuma das afirmações está correta. (POSCOMP/2004)

Comentários: a alternativa correta é a A. A afirmação I é verdadeira. A afirmação II é verdadeira. A afirmação III é falsa porque a Programação Extrema não abole a prática de teste e os padrões de codificação. Ao contrário, a questão do teste é levada ao extremo (daí o nome escolhido por Kent Beck): há forte preocupação com teste ao ponto de se buscar preparar os casos de teste antes que qualquer linha de código seja escrita. As outras afirmações são verdadeiras: programação em pares, entregas pequenas e frequentes e propriedade coletiva são características da XP.

17) Engenharia de Software inclui um grande número de teorias, conceitos, modelos, técnicas e métodos. Analise as seguintes definições.

I O processo de inferir ou reconstruir um modelo de mais alto nível (projeto ou especificação) a partir de um documento de mais baixo nível (tipicamente um código fonte);

II Capacidade de modificação de um software (ou de um de seus componentes) após sua entrega ao cliente visando corrigir falhas, expandir a funcionalidade, modificar a performance ou outros atributos em resposta a novos requisitos do usuário ou mesmo ser adaptado a alguma mudança do ambiente de execução (plataforma, p. ex.);

III Modelo estabelecido pelo *Software Engineering Institute* (SEI) que propõe níveis de competência organizacional relacionados à qualidade do processo de desenvolvimento de software;

Estas definições correspondem respectivamente aos seguintes termos:

(A) reengenharia, manutenibilidade, *Capability Maturity Model* (CMM); (B) engenharia reversa, reparabilidade, Team Software Process (TSP); (C) reengenharia, evolutibilidade, *Personal Software Process* (PSP); (D) refactoring, reparabilidade, *Team Software Process* (TSP); (E) engenharia reversa, manutenibilidade, *Capability Maturity Model* (CMM).

(POSCOMP/2003)

Comentários: a alternativa correta é a E. A primeira afirmação define a engenharia reversa. A afirmação II define a manutenibilidade. A afirmação III define o CMM.

18) O conjunto básico de atividades e a ordem em que são realizadas no processo de construção de um software definem o que é habitualmente denominado de ciclo de vida do software. O ciclo de vida tradicional (também denominado *waterfall*) ainda é hoje em dia um dos mais difundidos e tem por característica principal:

(A) o uso de formalização rigorosa em todas as etapas de desenvolvimento; (B) a abordagem sistemática para realização das atividades do desenvolvimento de software de modo que elas seguem um fluxo sequencial; (C) a codificação de uma versão executável do sistema desde as fases iniciais do desenvolvimento, de modo que o sistema final é incrementalmente construído, daí a alusão à ideia de "cascata" (*waterfall*); (D) a priorização da análise dos riscos do desenvolvimento; (E) a avaliação constante dos resultados intermediários feita pelo cliente.

(POSCOMP/2003)

Comentários: a alternativa correta é a B. Sobre a alternativa A: não há exigência de formalização rigorosa no modelo cascata. Sobre a alternativa C: não ocorre codificação de versão executável desde as fases iniciais do desenvolvimento; isto ocorre nas abordagens ágeis. Sobre a alternativa D: a análise de riscos é realizada no modelo espiral; isto não ocorre no modelo cascata. Sobre a alternativa E: não há avaliação de resultados intermediários pelo cliente. O cliente avalia os requisitos coletados na fase inicial do desenvolvimento; depois, espera que o sistema seja desenvolvido e entregue com a implementação correta destes requisitos.

19) As seguintes afirmações dizem respeito ao modelo de desenvolvimento em Espiral – proposto por Barry Boehm na década de 1970:
I – suas atividades de desenvolvimento são conduzidas por riscos;
II – cada ciclo da espiral inclui 4 passos: passo 1 – identificação dos objetivos; passo 2 – avaliação das alternativas tendo em vista os objetivos e os riscos (incertezas, restrições) do desenvolvimento; passo 3 – desenvolvimento de estratégias (simulação, prototipagem) para resolver riscos; e passo 4 – planejamento do próximo passo e continuidade do processo determinada pelos riscos restantes;
III – é um modelo evolutivo em que cada passo pode ser representado por um quadrante num diagrama cartesiano: assim na dimensão radical da espiral tem-se o custo acumulado dos vários passos do desenvolvimento enquanto na dimensão angular tem-se o progresso do projeto.
Levando-se em conta as três afirmações I, II e III acima, identifique a única alternativa válida:
(A) apenas a I e a II estão corretas; (B) apenas a II e a III estão corretas; (C) apenas a I e a III estão corretas; (D) as afirmações I, II e III estão corretas; (E) apenas a III está correta. (POSCOMP/2003)
Comentários: a alternativa correta é a D. A afirmação I é verdadeira: uma característica do modelo espiral é a análise dos riscos envolvidos com a implementação de um dado conjunto de requisitos coletados em um passo. A afirmação II é verdadeira. A afirmação III é verdadeira.

20) Sobre Ciclo de Vida de Desenvolvimento de Software, é correto afirmar:
I – O desenvolvimento em cascata tem como base a ideia de desenvolver uma implementação inicial, mostrar e discutir tal implementação com o usuário e fazer seu aprimoramento por meio de versões subsequentes, até que um sistema adequado tenha sido desenvolvido.
II – No modelo de processo de desenvolvimento em espiral, cada loop na espiral representa uma fase do processo de software. Este modelo exige a consideração direta dos riscos técnicos em todos os estágios do projeto e, se aplicado adequadamente, deve reduzir os riscos antes que eles se tornem problemáticos.

III – O Rapid Application Development (Desenvolvimento Rápido de Aplicação) é um modelo de processo de software incremental que enfatiza um ciclo de desenvolvimento rápido. Este modelo é uma adaptação de modelo cascata, no qual o desenvolvimento rápido é conseguido com o uso de uma abordagem de construção baseada em componentes.

IV – O modelo incremental combina elementos do modelo em cascata aplicado de maneira iterativa. Em um processo de desenvolvimento incremental, os clientes identificam (esboçam) as funções a serem fornecidas pelo sistema e a importância das mesmas. Em seguida, é definida uma série de estágios de entrega, com cada estágio fornecendo um subconjunto das funcionalidades do sistema.

Assinale a alternativa correta.

(A) Somente as afirmativas I e II são corretas; (B) Somente as afirmativas I e III são corretas; (C) Somente as afirmativas III e IV são corretas; (D) Somente as afirmativas I, II e IV são corretas; (E) Somente as afirmativas II, III e IV são corretas. (POSCOMP/2010)

Comentários: a alternativa correta é a E. A afirmativa I é falsa; não há produção de várias implementações do sistema, mas uma só, entregue no fim do processo, contemplando todos os requisitos coletados. As outras afirmativas são verdadeiras.

21) Considere as seguintes afirmativas sobre os modelos prescritivos de processos de desenvolvimento de software

I – Uma das vantagens do modelo de prototipação é servir como base para entendimento dos requisitos do sistema.

II – Um dos problemas do modelo RAD (Rapid Application Development) é a necessidade de conseguir recursos suficientes para a montagem de vários grupos operando em paralelo.

III – O caso negócio (Business Case) é um dos produtos da fase de Concepção do Processo Unificado (Unified Process).

Assinale a alternativa *CORRETA:*

(A) Apenas a afirmativa I é verdadeira; (B) Apenas a afirmativa II é verdadeira; (C) Apenas a afirmativa III é verdadeira; (D) Apenas as afirmativas I e II são verdadeiras; (E) Todas as afirmativas são verdadeiras. (POSCOMP/2009)

Comentários: a alternativa correta é a E. Sobre a afirmativa I: além de facilitar a validação dos requisitos pelos usuários, a prototipação é útil quando se deseja avaliar um algoritmo de solução de um problema, trabalhando com linguagem de alta produtividade na construção do protótipo. Outra utilidade da construção de protótipos: quando se deseja avaliar a interação humano-computador do software, experimentando possibilidades, em razão da abrangência dos perfis dos seus usuários (por exemplo, usuários esporádicos, usuários habituais, com grande variação do nível de instrução deles).

22) Várias técnicas relacionadas à programação extrema (XP) são diretamente ligadas ao código, incluindo a refatoração, programação em pares e integração contínua. A programação em pares é a prática preferida dos desenvolvedores XP trabalhando em pares em um computador.

Scott, K. O Processo Unificado Explicado. Porto Alegre: Artmed, 2002.

Beck, K. Programação Extrema (XP) Explicada. Porto Alegre: Artmed, 2000.

A programação em pares auxilia no desenvolvimento de código de melhor qualidade quando os pares

(A) elaboram e utilizam padrões de codificação conjuntamente, os quais, quando utilizados corretamente a apropriadamente, reduzem problemas individuais.

(B) estão acostumados ao desenvolvimento e à propriedade coletiva, limitando-se a fazer pequenas mudanças na ocorrência de erros em tempo de execução.

(C) minimizam os riscos de insucesso no projeto através da utilização de ferramentas para a geração automática de testes funcionais e protótipos de interface.

(D) escrevem testes em separado e discutem os resultados posteriormente, o que dá a eles a chance de se sintonizarem antes de começarem a implementação.

(E) trabalham em projetos complexos onde a codificação seja desenvolvida de forma conjunta, minimizando erros e agregando valor onde quer que o sistema necessite. (ENADE/2011)

Comentários: a alternativa correta é a A. A afirmativa B é falsa porque os pares não devem limitar-se "a fazer pequenas mudanças na ocorrência de erros em tempo de execução"; eles devem fazer o que for necessário para produzir código de melhor qualidade. Da mesma forma, na alternativa C, a utilização de ferramentas para a geração automática de testes funcionais e protótipos de interface não é particular da programação em pares. Na alternativa D, o fato de a dupla escrever testes em separado é irrelevante, pois podem desenvolver trabalho efetivo juntos. Na alternativa E, a menção a trabalho em projetos complexos sugere que a programação em dupla seja exclusiva destes casos, o que é falso.

23) Modelos de ciclo de vida de processo de software são descrições abstratas do processo de desenvolvimento, mostrando as principais atividades e informações usadas na produção e manutenção de *software*, bem como a ordem em que as atividades devem ser executadas.

Com relação aos modelos de ciclo de vida de processo de *software*, analise as seguintes asserções.

O modelo de desenvolvimento em cascata acrescenta aspectos gerenciais (planejamento, controle e tomada de decisão) ao processo de desenvolvimento de *software*

PORQUE

considera que o processo é composto por várias etapas que são executadas de forma sistemática e sequencial.

Acerca dessas asserções, assinale a opção correta.

(A) As duas asserções são proposições verdadeiras, e a segunda é uma justificativa correta da primeira; (B) As duas asserções são proposições verdadeiras, mas a segunda não é uma justificativa correta da primeira; (C) A primeira asserção é uma proposição verdadeira, e a segunda, uma proposição falsa; (D) A primeira asserção é uma proposição falsa, e a segunda, uma proposição verdadeira; (E) Tanto a primeira quanto a segunda asserções são proposições falsas. (ENADE/2011)

Comentários: a alternativa correta é a D; a primeira asserção (ou afirmativa) é falsa, pois o modelo cascata não incorpora os aspectos gerenciais mencionados (planejamento, controle e tomada de decisão). A segunda asserção (depois do "porque") é verdadeira; o modelo cascata é composto de várias etapas, executadas de forma sistemática e sequencial.

24) As revisões técnicas formais são um meio efetivo de melhorar a qualidade do *software*. Com relação a esse tipo de revisão, analise as seguintes asserções.

Nas revisões, os produtos de trabalho de um indivíduo ou equipe são revisados por técnicos ou gerentes

PORQUE

as revisões fornecem informações sobre defeitos, aumentando e permitindo o controle da qualidade do produto final.

Acerca dessas asserções, assinale a opção correta.

(A) As duas asserções são proposições verdadeiras, e a segunda é uma justificativa correta da primeira; (B) As duas asserções são proposições verdadeiras, mas a segunda não é uma justificativa correta da primeira; (C) A primeira asserção é uma proposição verdadeira, e a segunda, uma proposição falsa; (D) A primeira asserção é uma proposição falsa, e a segunda, uma proposição verdadeira; (E) Tanto a primeira quanto a segunda asserções são proposições falsas. (ENADE/2011)

Comentários: a alternativa correta é a A. A primeira asserção é verdadeira; a segunda asserção também é verdadeira. Desta forma, as alternativas A e B seriam possíveis respostas da questão: o que as diferencia é a afirmativa se a segunda asserção é uma justificativa correta da primeira. Não nos parece que seja. Em todo caso, entre as duas, optaríamos pela alternativa A (confirmando o gabarito da questão dado pelo ENADE).

25) O MPS.BR (Melhoria de Processos do *Software* Brasileiro) é, ao mesmo tempo, um movimento para melhoria da qualidade e um modelo de qualidade de processo. Guia MPS.BR (SOFTEX)
Com relação às suas características, o MPS.BR
(A) possui 5 níveis de maturidade; (B) possui representação contínua e por estágios; (C) está em conformidade com as normas ISO/IEC 12207 e 15504; (D) considera 3 dimensões: pessoas, ferramentas e procedimentos; (E) divide-se em 3 modelos: desenvolvimento, aquisição e serviços.
(ENADE/2011)
Comentários: a alternativa correta é a C. A alternativa A é falsa: o número de níveis do MPS.BR é sete (de A a G, em nível decrescente de maturidade do modelo de processo). A alternativa B contém informação incompatível com o MPS.BR. Idem para a alternativa D. A alternativa E é falsa: os três modelos do MPS.BR são MR-MPS (modelo de referência), MA-MPS (método de avaliação) e MN-MPS (modelo de negócio) (FURTADO & COSTA JÚNIOR, 2010).

1.4 CMM/CMMI/MPS.br

26) O nível do *Capability Maturity Model Integration* (CMMI), em que as áreas de processo incluem, dentre outros, a Gestão Integrada de Projeto, a Gestão de Risco e a Integração de Produtos:
(A) Realizado; (B) Gerido; (C) Definido; (D) Otimizado.
Comentários: a alternativa correta é a C (nível definido). Outras áreas de processo deste nível são: Desenvolvimento de requisitos, Solução técnica, Verifi-cação e Validação, Treinamento organizacional, Gestão de riscos, Formação integrada de equipe. A alternativa A (nível realizado) não tem áreas de processo. A alternativa B (nível gerido) tem as áreas de processo: Gestão de requisitos, Planejamento de projeto, Monitoramento e controle do projeto, Gestão de acordos com fornecedores, Medição e análises, Garantia de qualidade de processo e de produto. A alternativa D (nível otimizado) tem as áreas de processo: Inovação e implantação organizacional, Análise e resolução causal (PRESSMAN, 2006).

27) Sobre o *Capability Maturity Model Integration* (CMMI), pode-se afirmar:
(A) Trata-se de um metamodelo de processo desenvolvido pela OMG – *Object Management Group.*

(B) Cada área de processo é avaliada formalmente com base em metas e práticas sugeridas pela empresa cujo nível de maturidade de processo será determinado.

(C) O enquadramento em um nível de capacitação não exige que as metas e os objetivos dos níveis anteriores do modelo sejam atendidos.

(D) O nível 4 – "Quantitativamente gerido" – exige que os critérios do nível 3 sejam alcançados e que a área de processo seja controlada e aperfeiçoada com uso de medições e avaliação quantitativa.

Comentários: a alternativa correta é a D. A alternativa A é inválida porque o CMMI não foi desenvolvido pela OMG e, sim, pelo Software Engineering Institute, pertencente à Universidade Carnegie-Mellon; a OMG (Object Management Group – Grupo de Gestão de Objetos) cuida da padronização na área de objetos, reunindo representantes das universidades, fabricantes, desenvolvedores de software. A alternativa B é incorreta porque a empresa avaliada não interfere no processo de avaliação; ela disponibiliza suas práticas e os documentos produzidos com base nestas práticas. A alternativa C é incorreta porque o enquadramento em um nível exige o atendimento do que é estabelecido para os níveis anteriores. A alternativa correta é a D, pois o nível 4 exige o atendimento dos critérios do nível 3 e que medições e avaliações quantitativas sejam realizadas durante a execução do processo de software.

28) No MPS.BR – Melhoria de Processo de Software Brasileiro, o nível em que a empresa comprova comprometimento com o aperfeiçoamento contínuo do seu processo de software, com atendimento de Inovação e Implantação Organizacional e Análise e Resolução Causal é o nível:

(A) A; (B) B; (C) C; (D) G.

Comentários: a alternativa correta é a A (nível "em otimização") O nível B (alternativa B) é o "gerenciado quantitativamente". O nível C (alternativa C) é o "nível "definido". O nível G (alternativa D) é o "parcialmente gerenciado". No MPS.Br, os níveis vão de A (mais alto nível de maturidade – "em otimização"), passando pelo B, C, D ("largamente definido"), E ("parcialmente definido", F ("gerenciado") até o nível G (mais baixo nível de maturidade – "parcialmente gerenciado"). (FURTADO & COSTA JÚNIOR, 2010).

29) Qual é o nível do CMMI ("*Capability Maturity Model Integration*") em que o foco é a padronização do processo?

(A) Nível Realizado; (B) Nível Gerido; (C) Nível Definido; (D) Nível Quanti-tativamente Gerido; (E) Nível Otimizado.

Comentários: a alternativa correta é a C (nível definido). A alternativa A (nível realizado) não tem foco específico. O foco do nível Gerido (alternativa B) é a Gestão básica do projeto. O foco do nível Quantitativamente Gerido (alternativa D) é o Desempenho do processo organizacional e a Gestão quantitativa de projeto. O foco do nível Otimizado é o Aperfeiçoamento contínuo do processo (PRESSMAN, 2006).

30) No modelo CMM, o nível em que a organização estabelece metas quantitativas para os seus produtos e processos é o:
(A) Repetível; (B) Definido; (C) Otimizado; (D) Gerenciado.
Comentários: a alternativa correta é a D (nível Gerenciado). Os níveis do CMM são: 1) Inicial, 2) Repetível, 3) Definido, 4) Gerenciado e 5) Otimizado. No nível 3 – Definido, o processo encontra-se bem caracterizado, e descrito em termos de padrões, procedimentos, ferramentas e métodos. O nível seguinte (Gerenciado) – de maior maturidade – caracteriza-se por usar métricas precisas para gerenciar os projetos de software.

31) O nível do CMMI (*Capability Maturity Model Integration*) cujo foco é o aperfeiçoamento contínuo do processo é o nível:
(A) Realizado; (B) Definido; (C) Otimizado; (D) Gerido; (E) Quantitativamente gerido.
Comentários: a alternativa correta é a C (nível Otimizado), como visto no comentário da questão 29.
32) O nível do CMMI que tem como áreas de processo (dentre outras), a Gestão de Requisitos, o Planejamento do Projeto e a Garantia de Qualidade de Processo e de Produto é o
(A) Otimizado; (B) Quantitativamente gerido; (C) Definido; (D) Gerido.
Comentários: a alternativa correta é a D (nível Gerido), como se pôde ver no comentário da questão 29.

33) Engenharia de Software inclui um grande número de teorias, conceitos, modelos, técnicas e métodos. Analise as seguintes definições.
I. No planejamento de projetos de software, há várias técnicas que podem ser usadas para estimativa de custo e esforço. A técnica de Pontos por Função é uma técnica de estimativa que, embora não seja relacionada diretamente a linhas de código, é utilizada também para a obtenção de métricas de produtividade e qualidade do desenvolvimento de software;
II. CMM (*Capability Maturity Model*) é um modelo estabelecido pelo *Software Engineering Institute* (SEI) que propõe níveis de competência organizacional relacionados à qualidade do processo de desenvolvimento de software;
III. Engenharia Reversa é o processo de inferir ou reconstruir um modelo de mais alto nível (projeto ou especificação) a partir de um documento de mais baixo nível (tipicamente um código fonte);

Levando-se em conta as três afirmações I, II e III acima, identifique a única alternativa válida:
(A) apenas a I está correta; (B) apenas a II está correta; (C) apenas a II e a III estão corretas; (D) apenas a I e a III estão corretas; (E) as afirmações I, II e III estão corretas. (POSCOMP/2004)
Comentários: a alternativa correta é a E (todas as afirmações são verdadeiras). A técnica de Pontos por Função, mencionada na afirmação I, baseia-se nas funcionalidades do software a ser desenvolvido para fazer a estimativa de esforço e de recursos necessários. A afirmação II menciona o modelo CMM criado pelo SEI para identificar o nível de maturidade do processo de software empregado por uma organização. A afirmação III menciona a Engenharia Reversa que, como o nome sugere, percorre o caminho inverso da engenharia; na engenharia, parte-se da coleta de requisitos para elaborar uma especificação e, a partir desta especificação, produzir-se código; na Engenharia Reversa, com base no código (a especificação não existe ou não está disponível), elabora-se a especificação para, a partir dela, seguir o processo de engenharia e produzir novo código.

34) Uma empresa vem desenvolvendo um programa de melhoria de seus processos de *software* utilizando o modelo de qualidade CMMI. O programa envolveu a definição de todos os processos padrão da organização, implementação de técnicas de controle estatístico de processos e métodos de melhoria contínua. Após a avaliação SCAMPI, classe A, foi detectado que a área de processo de PP – *Project Planning* (Planejamento de Projeto) não estava aderente ao modelo.
Nesse contexto, considerando a representação por estágios do CMMI, a empresa seria classificada em que nível de maturidade?
(A) Nível 1; (B) Nível 2; (C) Nível 3; (D) Nível 4; (E) Nível 5. (ENADE/2011)
Comentários: a alternativa correta é a A (nível 1). O nível 1 é o Realizado. Como a área de Planejamento de Projeto não é aderente ao modelo, não é possível enquadrar a empresa no nível 2 – Gerido.

1.5 RUP – RATIONAL UNIFIED PROCESSO

35) No *Rational Unified Process* (RUP), a fase em que é produzido o Modelo de Análise é a:
(A) Concepção; (B) Elaboração; (C) Construção; (D) Transição.
Comentários: a alternativa correta é a B (Fase de Elaboração); outros produtos desta fase são: Modelo de caso de uso, Requisitos suplementares, incluindo não funcionais, Modelo de análise, Descrição da arquitetura do sistema, Protótipo arquitetural executável, Modelo de projeto preliminar, Lista de riscos revisada, Plano de projeto (incluindo planos de iteração, fluxos de trabalho adaptados, marcos, produtos técnicos de trabalho), Manual preliminar do usuário. A Fase de

Concepção (alternativa A) tem como produtos: Documento de visão, Modelo inicial de caso de uso, Glossário inicial do projeto, Caso de negócio inicial, Avaliação inicial de risco, Plano de projeto (fases e interações), Modelo de negócio (se necessário), Protótipos. A Fase de Construção (alternativa C) tem como produtos: Modelo de projeto, Componentes de software, Incremento integrado de software, Plano e procedimento de teste, Caso de teste, Documentação de apoio (manuais do usuário, manuais de instalação, descrição do incremento atual). A Fase de Transição (alternativa D) tem como produtos: Incremento de software entregue, Relatório de beta teste, Realimentação geral do usuário (PRESSMAN, 2006).

36) No *Rational Unified Process* (RUP), o fluxo em que são elaborados o Modelo de Casos de Uso e o Documento de Necessidades dos *Stakeholders* (interessados) é o fluxo de:
(A) Implementação; (B) Análise e Projeto; (C) Requisitos; (D) Modelagem de negócios.
Comentários: a alternativa correta é a C. Neste fluxo são elaborados também: a elicitação, a organização e a documentação das funcionalidades e restrições requisitadas, a captura e o entendimento dos requisitos do sistema, o documento de visão (visão de casos de uso), o documento de especificação complementar, o glossário de termos e o protótipo de interface com o usuário (FURTADO & COSTA JUNIOR, 2010).

37) A fase do *Rational Unified Process* em que é elaborada a Documentação de apoio do sistema (manuais do usuário, manuais de instalação) é a de
(A) Transição; (B) Elaboração; (C) Construção; (D) Concepção.
Comentários: a alternativa correta é a C (Construção), como se pode ver nos comentários da questão 35.

38) Todo modelo de processo compreende várias fases; em cada fase, há tarefas específicas a desenvolver, artefatos devem ser elaborados.
O Processo Unificado compreende as seguintes fases: Concepção, Elaboração, Construção e Transição. Em qual (quais) destas fases é produzido o Modelo de Projeto Preliminar?
(A) Concepção; (B) Concepção e Elaboração; (C) Elaboração; (D) Elaboração e Construção; (E) Construção.
Comentários: a alternativa correta é a C. Veja o comentário da questão 35.

39) No Modelo de Processo Unificado, em qual fase é elaborado o "*Manual Preliminar do Usuário*"?

(A) Fase de Concepção; (B) Fase de Elaboração; (C) Fase de Construção; (D) Fase de Transição; (E) Fase de Produção.
Comentários: a alternativa correta é a B. Veja o comentário da questão 35.

40) A fase do Processo Unificado em que o Modelo de Análise é elaborado é a fase de:
(A) Construção; (B) Concepção; (C) Transição; (D) Elaboração.
Comentários: a alternativa correta é a D. Veja o comentário da questão 35.

41) Requisitos são capacidades e condições para as quais um sistema deve ter conformidade. Analise as afirmações a seguir:
(I) No Processo Unificado, requisitos são categorizados de acordo com o modelo FURPS+, onde o U do acrônimo representa requisitos de usabilidade.
(II) Casos de uso são documentos em forma de texto, não diagramas, e modelagem de casos de uso é basicamente um ato de escrever estórias de uso de um sistema.
(III) UML (*Unified Modeling Language*) provê notação para se construir o diagrama de casos de uso, que ilustra os nomes dos casos de uso, atores e seus relacionamentos.
Considerando-se as três afirmações (I), (II) e (III) acima, identifique a única alternativa válida:
(A) Somente as afirmações (I) e (II) estão corretas; (B) Somente as afirmações (II) e (III) estão corretas; (C) Somente as afirmações (I) e (III) estão corretas; (D) As afirmações (I), (II) e (III) estão corretas; (E) Somente a afirmação (III) está correta.   (POSCOMP/2005)
Comentários: a alternativa correta é a D. A afirmação I menciona o acrônimo FURPS+ – Funcionalidade, Usabilidade, Reliability (Confiabilidade), Performance (Desempenho), Supportability (Capacidade de suporte) – que representa um sistema para classificação de requisitos de qualidade de software (inclui requisitos funcionais e não funcionais). Foi desenvolvido pela Hewlett-Packard e hoje é amplamente utilizado pela indústria de software. A funcionalidade representa todos os requisitos do sistema; sua medição considera principalmente o cumprimento dos requisitos especificados, a generalidade, a segurança. A usabilidade é o atributo que avalia o projeto de Interação Humano-computador (IHC). Possui diversas subcategorias: prevenção de erros, estética e desenho, ajuda (help), consistência e padrões. A confiabilidade refere-se à integridade, à conformidade e à interoperabilidade do software. Os requisitos considerados são: frequência e gravidade de falha, possibilidade de recuperação e de previsão, exatidão, tempo médio entre falhas (MTBF). Performance avalia os requisitos de desempenho do software (tempo de resposta, consumo de memória, utilização da CPU, capacidade de carga e disponibilidade da aplicação. A supportability

(capacidade de suporte) avalia vários parâmetros: testabilidade, adaptabilidade, manutenibilidade, compatibilidade, configurabilidade, instalabilidade, escalabilidade, localizabilidade, portabilidade, dentre outros. O + engloba outros requisitos não funcionais: requisitos de desenho (linguagens de programação, processo de software, biblioteca de classes), requisitos de implementação (padrões obrigatórios, linguagens exigidas, políticas de integridade de BD, limites de recursos), requisitos de interface, requisitos físicos de hardware. A afirmação II e a afirmação III são verdadeiras.

42) Qual das alternativas a seguir não representa um artefato da disciplina de Requisitos do Processo Unificado:

(A) Modelo de Casos de Uso; (B) Diagrama de Sequência de Sistema; (C) Modelo do Domínio; (D) Documento de Visão; (E) Glossário.

(POSCOMP/2005)

Comentários: a alternativa correta é a C. Veja o comentário da questão 35.

43) O Processo Unificado (RUP – Rational Unified Process) é um moderno processo de desenvolvimento de software constituído de quatro fases. Assinale a opção que apresenta as quatro fases do RUP, na ordem em que elas devem ser executadas.

(A) concepção, elaboração, construção, teste; (B) elaboração, transição, concepção, construção; (C) elaboração, concepção, teste, transição; (D) elaboração, concepção, transição, construção; (E) concepção, elaboração, construção, transição.

(ENADE/2005)

Comentários: a alternativa correta é a E, pois as fases do RUP são as apontadas nesta alternativa. Sabendo disto, descartaríamos as alternativas A e C, que apresentam a fase de teste; no RUP o nome é transição. A concepção é a primeira fase: com isto, descartamos as alternativas B e D.

1.6 ORIENTAÇÃO A OBJETOS

44) Com base na terminologia usada no desenvolvimento de software orientado a aspectos, o evento em que um programa em execução no qual a recomendação associada a um aspecto pode ser executada chama-se:

(A) Composição; (B) Ponto de corte; (C) Ponto de junção; (D) Aspecto.

Comentários: a alternativa correta é a C. Com base no que é pedido na questão descartamos de pronto as alternativas A e D. O nome do evento é ponto de junção.

45) Entre os conceitos fundamentais da orientação a objetos, o identificador único imutável, que caracteriza a existência de um objeto é:

(A) O estado do objeto; (B) O comportamento do objeto; (C) A identidade do objeto; (D) A visibilidade do objeto.
Comentários: a alternativa correta é a C. O estado do objeto (alternativa A) é constituído de suas propriedades (atributos), associados a seus valores correntes. O comportamento do objeto (alternativa B) é dado pelos serviços que ele disponibiliza a outros objetos com os quais se relaciona. A visibilidade do objeto (alternativa D) é dada pela visibilidade de atributos e de operações, cujas categorias em UML são: pública, protegida, privada e pacote. (FURTADO & COSTA JUNIOR, 2010).

46) O acoplamento é uma medida qualitativa do grau em que as classes são conectadas entre si. Aquele acoplamento que ocorre quando a classeB é declarada como um tipo de argumento de uma operação da classeA é o acoplamento
(A) externo; (B) por conteúdo; (C) comum; (D) carimbado.
Comentários: a alternativa correta é a D. A alternativa A (acoplamento externo) ocorre quando um componente comunica ou colabora com componentes de infraestrutura (funções do sistema operacional, facilidades de banco de dados, funções de telecomunicação). A alternativa B (acoplamento por conteúdo) ocorre quando um componente modifica dados internos de outro componente, o que viola o princípio de ocultação de informação. A alternativa C (acoplamento comum) ocorre quando certo número de componentes usa variável global, o que pode levar à propagação de erros e efeitos colaterais imprevisíveis quando modificações são feitas (PRESSMAN, 2006).

47) O princípio de projeto orientado a objetos que estabelece "Confie nas abstrações; não confie nas concretizações" é chamado de princípio de
(A) substituição de Liskov; (B) segregação de interface; (C) equivalência de liberação de reuso; (D) inversão de dependência.
Comentários: a alternativa correta é a D. A alternativa A (princípio da substituição de Liskov) é o princípio que estabelece que subclasses devem ser substituíveis por suas classes-base. A alternativa C (princípio de segregação de interface) é o princípio que estabelece que muitas interfaces específicas são melhores do que uma interface de propósito geral. A alternativa C (princípio de equivalência de liberação de reuso) é o princípio que estabelece que a granularidade do reuso é a granularidade da versão (PRESSMAN, 2006).

48) _____ é a capacidade de objetos diferentes possuírem operações com o mesmo nome e a mesma lista de argumentos, mas que executam tarefas de formas diferentes.

(A) Encapsulamento; (B) Abstração; (C) Persistência; (D) Polimorfismo; (E) Herança.
Comentários: a alternativa correta é a D. O encapsulamento (alternativa A) é o princípio de envolver o elemento de interesse com invólucro que impeça uso indevido; é o que ocorre com o objeto: os atributos e os métodos do objeto só são acessíveis por meio da sua interface. A abstração (alternativa B) consiste em identificar os aspectos relevantes do elemento de interesse e deixar de lado os irrelevantes na sua representação. A persistência (alternativa C) consiste em salvar um objeto em algum meio de armazenamento. A herança (alternativa E) é o compartilhamento de métodos e atributos entre classes com base em um relacionamento hierárquico.

49) Qual é o princípio que separa os aspectos externos de um objeto (que são acessíveis a outros objetos) dos detalhes internos da implementação (que estão escondidos de outros objetos)?
(A) Encapsulamento; (B) Abstração; (C) Persistência; (D) Polimorfismo; (E) Herança.
Comentários: a alternativa correta é a A. Os itens das alternativas foram definidos no comentário da questão 48.

50) Os membros de uma classe (atributos e operações) podem ser privados, protegidos ou públicos em programação orientada a objetos. Suponha agora que se tenha um dado em uma determinada classe que só deve ser acessado por instâncias dessa mesma classe.
Assinale a alternativa que *melhor* descreve o que esse dado pode ser.
(A) Somente público; (B) Somente privado; (C) Somente protegido; (D) Privado ou público; (E) Privado ou protegido. (POSCOMP/2008)
Comentários: a alternativa correta é a B. O membro público é aquele visível a todas as classes (variável global); o membro protegido é aquele visível a todas as subclasses e à própria classe.

51) Analise as seguintes afirmativas.
I. Encapsulamento é a capacidade de uma operação atuar de modos diversos em classes diferentes.
II. Polimorfismo é o compartilhamento de atributos e métodos entre classes com base em um relacionamento hierárquico.
III. Herança consiste no processo de ocultação dos detalhes internos de implementação de um objeto.
IV. Sobreposição é a redefinição das funções de um método herdado. Os métodos apresentam assinaturas iguais.

V. Em JAVA, todos os métodos numa classe abstrata devem ser declarados como abstratos.

A partir da análise, pode-se concluir que

(A) apenas a afirmativa IV está correta; (B) apenas as afirmativas III e IV estão corretas; (C) apenas as afirmativas I, IV e V estão corretas; (D) apenas as afirmativas I, III e V estão corretas; (E) todas as afirmativas são falsas. (POSCOMP/2007)

Comentários: a alternativa correta é a A. As afirmações I, II e III foram definidas no comentário da questão 48.

52) O uso de associações é muito importante em programação orientada a objetos. Considere agora as afirmações abaixo, relativas ao uso de associações:

I. A multiplicidade de uma associação é uma restrição imposta a essa associação que define o número de instâncias das classes envolvidas nesse relacionamento.

II. A ordenação não é considerada uma restrição a associações, já que ordena as instâncias envolvidas no relacionamento que caracteriza a associação em questão.

III. O uso de papéis só é permitido em associações reflexivas binárias, pois em outros tipos de associações os papéis causam problemas na modelagem das classes.

Baseado nas afirmações acima, escolha a opção correta:

(A) As três afirmações são falsas; (B) As três afirmações são verdadeiras; (C) Apenas a afirmação I é verdadeira; (D) As afirmações I e II são verdadeiras; (E) Apenas a afirmação III é verdadeira.

(POSCOMP/2006)

Comentários: a alternativa correta é a C. As afirmações II e III são falsas.

53) O paradigma de programação orientado a objetos tem sido largamente utilizado no desenvolvimento de sistemas.

Considerando o conceito de herança, avalie as afirmações abaixo.

I. Herança é uma propriedade que facilita a implementação de reuso.

II. Quando uma subclasse é criada, essa herda todas as características da superclasse, não podendo possuir propriedade e métodos próprios.

III. Herança múltipla é uma propriedade na qual uma superclasse possui diversas subclasses.

IV. Extensão é uma das formas de se implementar herança.

É correto apenas o que se afirma em

(A) I; (B) III; (C) I e IV; (D) II e III; (E) II e IV. (ENADE/2011)

Comentários: a alternativa correta é a C. A afirmação II é falsa porque a subclasse pode possuir propriedades e métodos próprios. A afirmação III é falsa porque a herança múltipla ocorre quando uma classe herda características de duas ou mais superclasses.

54) A programação orientada a objeto não é apenas uma forma de programar, é também um jeito de pensar em um problema utilizando conceitos do mundo real e não somente conceitos computacionais. Considerando os conceitos da programação orientada a objetos, analise as afirmações abaixo.

I. O objeto tem determinadas propriedades que o caracterizam e que são armazenadas no próprio objeto. As propriedades de um objeto são chamadas de instâncias.

II. As mensagens são informações enviadas ao objeto para que ele se comporte de uma determinada maneira. Um programa orientado a objetos em execução consiste em envios, interpretações e respostas às mensagens. São os métodos, os procedimentos residentes nos objetos, que determinam como eles irão atuar ao receber as mensagens.

III. A herança é um mecanismo para o compartilhamento de métodos e atributos entre classes e subclasses, permitindo a criação de novas classes através da programação das diferenças entre a nova classe e a classe-pai.

IV. O encapsulamento é um mecanismo que permite o acesso aos dados de um objeto somente através dos métodos desse. Nenhuma outra parte do programa pode operar sobre os dados do objeto. A comunicação entre os objetos é feita apenas através de troca de mensagens.

É correto apenas o que afirma em

(A) I e II; (B) I e III; (C) III e IV; (D) I, II e IV; (E) II, III e IV.   (ENADE/2011)

Comentários: a alternativa correta é a E. A afirmação I é falsa porque as propriedades de um objeto são chamadas de atributos. As demais afirmações são verdadeiras, como apresentado em comentários de questões anteriores.

1.7 UML – UNIFIED MODELING LANGUAGE

55) Um dos mecanismos de extensibilidade da *Unified Modeling Language* (UML) é a(o):

(A) Pacote; (B) Classe; (C) Classificador; (D) Estereótipo.

Comentários: a alternativa correta é a D. Os mecanismos de extensibilidade da UML são três: os estereótipos, as tagged value e as restrições. A UML oferece um conjunto básico de funcionalidades e recursos, mas ele pode ser ampliado; estes mecanismos de extensibilidade fazem este papel. Os estereótipos são repre-

sentados pelas aspas francesas (duplo < no início e duplo > no fim. Por exemplo: os estereótipos aplicáveis sobre dependências entre casos de uso: <<extend>> ou <<estende>>, <<include>> ou <<inclui>>. Para o diagrama de classes, a UML define os seguintes estereótipos: <<entity>> ou <<entidade>>, <<control>> ou <<controle>>, <<boundary>> ou <<fronteira>>. Registre-se que há vários outros estereótipos. Por exemplo, os aplicáveis ao diagrama de pacotes. As tagged value permitem que novos recursos sejam acrescentados a um elemento do diagrama. As restrições impõem regras para garantir a integridade de um elemento do diagrama. A OCL (Object Constraint Language – Linguagem de Restrição de Objetos) estabelece a sintaxe para especificar formalmente as restrições, com o objetivo de garantir a integridade do modelo. O pacote (alternativa A) é um dos mecanismos de agrupamento de elementos da UML (outro destes é o estereótipo); serve para agrupar elementos de mesmo significado. Por exemplo, o pacote pode conter classes, casos de uso, estados; quaisquer diagramas da UML. Um pacote pode conter outros pacotes, formando uma hierarquia de pacotes. A classe (alternativa B) é uma descrição de um grupo de objetos com propriedades similares (atributos), comportamentos comuns (operações), relacionamentos comuns com outros objetos (associações e agregações) e semânticas idênticas. Um classificador (alternativa C) é um conceito da UML 2.0, usado para especificar o metamodelo e para definir conceitos da UML. Ë uma generalização do conceito de classe. Como muitos elementos da UML têm características semelhantes à classe, elas são reunidas no classificador (classifier) e herdadas pelos elementos. (FURTADO & COSTA JÚNIOR, 2010).

56) A propriedade que se acrescenta a um elemento UML para especificar informações adicionais (por exemplo, o autor de uma classe ou a data/hora em que uma classe foi criada ou modificada) chama-se:
(A) *Tagged Value;* (B) OCL; (C) Restrição; (D) Mensagem síncrona.
Comentários: a alternativa correta é a A. A OCL (alternativa B) e a restrição (alternativa C) já foram referidas na questão 55. A mensagem síncrona (alternativa D) é aquela que, em processamento concorrente de classes ativas, só dispara a operação quando o receptor aceita a mensagem; enquanto o receptor não aceitar a mensagem, o emissor fica bloqueado (FURTADO & COSTA JÚNIOR, 2010).

57) Em UML, o atributo ou a lista de atributos presente em uma associação cujos valores servem para particionar o conjunto de instâncias associadas com a classe alvo, chama-se:
(A) Classificador; (B) Estereótipo; (C) Qualificador; (D) Navegabilidade.
Comentários: a alternativa correta é a C. O classificador (alternativa A) e o estereótipo (alternativa B) já foram definidos nos comentários da questão 55. A navegabilidade (alternativa D) descreve a necessidade de um objeto acessar outro por meio de uma ligação.

58) O diagrama da UML que descreve a estrutura interna de um classificador (como uma classe ou um componente), detalhando as partes internas que o compõem, como estas se comunicam e colaboram entre si, é o diagrama de:
(A) Comunicação; (B) Interação geral; (C) Estrutura composta; (D) Componentes.
Comentários: a alternativa correta é a C. O enunciado sugere a resposta, já que pede o diagrama que descreve a estrutura interna de um classificador. O diagrama de comunicação (alternativa A) mostra que objeto se comunica com outro. O diagrama de interação geral é uma variante do diagrama de atividades, que mostra uma visão ampla do fluxo de controle em um sistema ou processo de negócio. O diagrama de componentes (alternativa D) descreve os componentes de software de um sistema e suas dependências entre si, para que ele funcione adequadamente. (FURTADO & COSTA JUNIOR, 2010).

59) Em UML, a característica estrutural de um classificador que especifica uma interação distinta entre o classificador e seu ambiente ou entre o classificador (em termos de seu comportamento) e suas partes internas chama-se
(A) Dependência; (B) Realização; (C) Porta; (D) Restrição.
Comentários: a alternativa correta é a C. A dependência (alternativa A) identifica certo grau de dependência de uma classe em relação à outra. É representado por uma linha tracejada entre duas classes, contendo uma seta apontando para a classe da qual a classe posicionada na outra extremidade do relacionamento é dependente. A realização (alternativa B) é um tipo de relacionamento especial que mistura características dos relacionamentos de generalização e dependência, e é usada para identificar classes responsáveis por executar funções para outras classes. A realização herda o comportamento de uma classe, mas não sua estrutura. É representada por uma linha tracejada contendo uma seta vazia que aponta para a classe, que tem uma ou mais funções que devem ser realizadas por outra; na outra extremidade da linha é definida a classe que realiza esse comportamento. Restrição (alternativa D) é uma informação extra que define condições a serem validadas durante a implementação dos métodos de uma classe, das associações entre as classes ou mesmo de seus atributos. As restrições aparecem delimitadas por chaves (GUEDES, 2009).

60) Em UML, o tipo de relacionamento especial usado no diagrama de classes para identificar classes responsáveis por executar funções para classes que representam interfaces é a:
(A) Dependência; (B) Realização; (C) Refinamento; (D) Associação.

Comentários: a alternativa correta é a B. A dependência (alternativa A) e a realização já foram definidas na questão anterior. O refinamento (alternativa C) é um relacionamento entre duas descrições de uma mesma coisa, mas em níveis de abstração diferentes; são simbolizados por uma linha tracejada com uma seta vazada em um dos lados do relacionamento. A associação (alternativa D) é uma conexão semântica entre classes.

61) Em UML, o estereótipo para projeto navegacional que representa uma página web que possui scripts que são executados pelo servidor chama-se
(A) <<client page>>; (B) <<server page>>; (C) <<form>>; (D) <<submit>>.
Comentários: a alternativa correta é a B. A alternativa A (<<client page>>) representa uma página HTML carregada pelo navegador do usuário. A alternativa C (<<form>>) representa um formulário; em um projeto navegacional representa uma classe que contém um conjunto de campos que fazem parte de uma página. A alternativa D (<<submit>>) indica que os valores dos campos das associações que apresentam este estereótipo serão submetidos à classe indicada no projeto navegacional, que processará essas informações de alguma forma ou as repassará a outras classes, se for necessário. (GUEDES, 2009).

62) A notação da UML utilizada para fazer a especificação formal de restrições sobre atributos, associações e classificadores é o(a)
(A) Estereótipo; (B) OMG; (C) OCL; (D)Tagged value.
Comentários: a alternativa correta é a C (OCL significa "Object Constraint Language" – Linguagem de Restrição de Objetos – é a linguagem da UML para especificação formal). O estereótipo (alternativa A) e a tagged value (alternativa D) foram detalhadas na questão 56. A OMG (alternativa B) é acrônimo de Object Management Group – Grupo de Gestão de Objetos, entidade encarregada da padronização na área de objetos.

63) O diagrama da UML voltado para a modelagem dinâmica cuja principal finalidade na modelagem orientada a objetos é o refinamento de casos de uso é o diagrama de
(A) Classes; (B) Sequência; (C) Estrutura composta; (D) Componentes.
Comentários: a alternativa correta é a B. O diagrama de sequência mostra como se dá a concretização (em termos de interação entre os objetos) de uma dada funcionalidade expressa em um caso de uso.

64) No diagrama de sequência da UML, o nome do elemento que indica o período de duração pelo qual os objetos estão cooperando para realizar um comportamento é:

(A) Linha de vida; (B) Marcador de interação; (C) Foco de controle; (D) Ponto de transição.
Comentários: a alternativa correta é a C. A linha de vida (alternativa A) é uma linha tracejada a partir do centro do retângulo do objeto, com o comprimento necessário que o diagrama exigir. O retângulo que ocupa parte da linha tracejada é o tempo de vida do objeto. O ponto de transição (alternativa D) aparece no diagrama de atividades e representa o ponto comum que reúne os ramos de uma decisão.

65) Com respeito ao Diagrama de Classes da UML, analise as afirmativas abaixo. Coloque V quando a afirmativa for verdadeira e F quando falsa.
I ( ) A composição é também chamada de "agregação não-compartilhada" porque se o objeto-todo deixa de existir, necessáriamente o mesmo acontece com suas partes.
II ( ) A visibilidade de um atributo de uma classe na UML pode ser pública, protegida ou privada.
III ( ) Classes puras ou abstratas são aquelas nas quais os objetos nunca são instanciados diretamente, mas sempre por uma classe descendente dela. São criadas para facilitar o processo de estruturação.
IV ( ) Na agregação, a destruição de um objeto-todo implica na destruição do objeto-parte.
Identifique a alternativa com a associação correta:
(A) I-V; II-V; III-V; IV-F; (B) I-F; II-V; III-V; IV-V; (C) I-V; II-F; III-V; IV-V; (D) I-F; II-V; III-F; IV-F; (E) I-V, II-V; III-F; IV-F.
Comentários: a alternativa correta é a A. A afirmativa I é verdadeira: a composição é uma agregação em que as partes não são compartilhadas; isto é, se o todo é eliminado as partes correspondentes o são também. A afirmativa II é verdadeira. A afirmativa III é verdadeira. A afirmativa IV é falsa, pois, na agregação, a eliminação de um objeto-todo não implica necessariamente na eliminação dos objetos-parte.

66) Com respeito à Linguagem de Modelagem Unificada (UML), analise as afirmativas abaixo. Coloque V quando a afirmativa for verdadeira e F quando falsa.
I ( ) A modelagem CRC (Classes, Responsabilidades e Colaboradores) faz parte da UML.
II ( ) Os objetos de estereótipo entidade representam conceitos do domínio do negócio.
III ( ) Nos diagramas de casos de uso, os papéis dos usuários de um produto são modelados por meio dos atores.

IV ( ) O processo de desenvolvimento de um software orientado a objetos começa com uma preocupação com os objetos, através dos diagramas de casos de uso.
Identifique a alternativa com a associação correta:
(A) I-V; II-V; III-V; IV-F; (B) I-F; II-V; III-F; IV-V; (C) I-V; II-F; III-V; IV-V; (D) I-F; II-V; III-V; IV-F; (E) I-V, II-V; III-F; IV-F.
Comentários: a alternativa correta é a D. A afirmativa I é falsa, pois a modelagem CRC não tem a ver com a UML; trata-se de uma abordagem de projeto orientado a objetos. A alternativa II é verdadeira. A alternativa III é verdadeira. A alternativa IV é falsa porque o processo de desenvolvimento orientado a objetos não começa com preocupação com os objetos e os diagramas de casos de uso contemplam as funcionalidades que o software precisa implementar; a especificação dos casos de uso apresentam possíveis candidatos a objetos do software.

67) Avalie as afirmações abaixo sobre aspectos do diagrama de classes da UML:
I – Uma agregação é utilizada para representar conexões entre objetos que guardam uma relação todo-parte entre si.
II – As agregações são simétricas no sentido de que, se um objeto A é parte de um objeto B, o objeto B pode ser parte do objeto A.
III – Classes associativas são classes que estão ligadas a associações em vez de estarem ligadas a outras classes.
IV – Na composição, os objetos-parte podem pertencer a mais de um todo.
Sobre as afirmações acima, pode-se dizer:
(A) Todas as afirmações são verdadeiras; (B) Apenas a alternativa I é verdadeira.
(C) Apenas as alternativas I e II são verdadeiras; (D) Apenas as alternativas I, III e IV são verdadeiras; (E) Apenas as alternativas I e III são verdadeiras.
Comentários: a alternativa correta é a E. A afirmativa I é verdadeira. A afirmativa II é falsa: as agregações não são simétricas. A afirmativa III é verdadeira. A afirmativa IV é falsa.

68) São diagramas da UML:
(A) Diagrama de Petri, Diagrama de Implantação, Diagrama de Classes; (B) Diagrama de Objetos, Diagrama de Casos de Uso, Diagrama de Sequência; (C) Diagrama de Colaboração, Diagrama de Fluxo de Dados, Diagrama de Classes; (D) Diagrama de Entidades e Relacionamentos, Diagrama de Componentes, Diagrama de Casos de Uso; (E) Diagrama de Atividades, Diagrama de Estrutura Modular, Diagrama de Objetos.

Comentários: a alternativa correta é a B. Na alternativa A, o diagrama de Petri não é diagrama da UML. Na alternativa C, o diagrama de fluxo de dados não é diagrama da UML. Na alternativa D, o diagrama de entidades e relacionamentos não é diagrama da UML. Na alternativa E, o diagrama de estrutura modular não é diagrama da UML.

69) Identifique a alternativa que apresenta diagramas da UML utilizados EXCLUSIVAMENTE na etapa de projeto de sistemas:
(A) Diagrama de Casos de Uso, Diagrama de Classes; (B) Diagrama de Classes, Diagrama de Sequência; (C) Diagrama de Atividades, Diagrama de Sequência; (D) Diagrama de Implantação, Diagrama de Componentes; (E) Diagrama de Pacotes, Diagrama de Casos de Uso.
Comentários: a alternativa correta é a D. A alternativa A é incorreta porque o diagrama de casos de uso é usado na fase de requisitos e o diagrama de classes na fase de análise. A alternativa B é incorreta porque os dois diagramas são usados na fase de análise. A alternativa C é incorreta porque o diagrama de atividades é usado na fase de requisitos e de análise e o diagrama de sequência, na fase de análise. A alternativa D é a correta: o diagrama de implantação mostra como os componentes são distribuídos na rede; o diagrama de componentes mostra os componentes do sistema e como eles se relacionam. A alternativa E é incorreta porque o diagrama de pacotes é usado na fase de análise para mostrar como as classes são empacotadas e o diagrama de casos de uso, na fase de requisitos.

70) Avalie as afirmações abaixo sobre os diagramas de caso de uso da UML:
I – Um caso de uso é uma maneira de usar o sistema.
II – Os casos de uso de um sistema representam tudo que os usuários podem fazer com este sistema.
III – Os desenvolvedores devem modelar os casos de uso explicitamente durante a fase de projeto do sistema.
IV – O processo de desenvolvimento de um software orientado a objetos começa com uma preocupação com os objetos, por meio dos diagramas de casos de uso.
A respeito das afirmações acima, pode-se garantir que:
(A) Todas as afirmações são verdadeiras; (B) Apenas a afirmação I é verdadeira; (C) Apenas as afirmativas I e II são verdadeiras; (D) Apenas as afirmações I e III são verdadeiras; (E) Apenas as afirmações I e IV são verdadeiras.
Comentários: a afirmativa I é verdadeira; a afirmativa II é verdadeira; a afirmativa III é falsa porque os casos de uso são especificados na fase de requisitos, e não na fase de projeto do sistema; a afirmativa IV é falsa porque, para construção do

diagrama de casos de uso, não há preocupação com objetos; eles aparecem naturalmente na especificação dos casos de uso; mas isto é feito na fase de análise. Portanto, a alternativa correta é a C.

71) Avalie as afirmações abaixo sobre os diagramas de caso de uso:
I – Um ator representa sempre uma pessoa num diagrama de caso de uso.
II – Um diagrama de caso de uso apresenta dois elementos: os atores e os casos de uso.
III – O relacionamento <<include>> deve ser usado para modelar extensões a outros casos de uso completos.
IV – O relacionamento <<extend>> deve ser empregado quando há uma porção de comportamento similar ao longo de um ou mais casos de uso e não deseja repetir a sua descrição.
Sobre as afirmações acima, pode-se concluir que:
(A) Todas as afirmações são verdadeiras; (B) Apenas a afirmação I é verdadeira; (C) Apenas a afirmação II é verdadeira; (D) Apenas as afirmações I e II são verdadeiras; (E) Apenas as afirmações I e IV são verdadeiras.
Comentários: a afirmativa I é falsa porque um ator pode representar também um outro sistema, e não só uma pessoa (um usuário); a afirmativa II é verdadeira; a afirmativa III é falsa porque o relacionamento <<include>> modela inclusões, que sempre serão executados, independentemente da avaliação de uma condição, e não extensões; a afirmativa IV é falsa porque o relacionamento <<extend>> modela extensões a um caso de uso, dependentes sempre da avaliação de uma condição no caso de uso estendido. Portanto, a alternativa correta é a C.

72) Como se chama na UML a associação que representa um vínculo mais forte entre os objetos-todo e os objetos-parte, procurando demonstrar que os objetos-parte pertencem exclusivamente a um único objeto-todo com que se relacionam?
(A) Generalização; (B) Agregação; (C) Composição; (D) Especialização; (E) Associação unária.
Comentários: a alternativa correta é a C. As únicas alternativas relacionadas à estrutura todo-parte que justificam haver um objeto-todo e um objeto-parte são a B e a C. Portanto, descartamos logo as alternativas A (generalização), D (especialização) e E (associação unária). Como o enunciado menciona que "os objetos-parte pertencem exclusivamente a um único objeto-todo", então a alternativa correta é C, pois a composição exige esta exclusividade. É o caso, por exemplo, de um colégio (classe-todo) e suas salas (classes-parte): uma dada sala

não pode pertencer a mais de um colégio. Na agregação, não há esta exclusividade: um objeto-parte pode pertencer a mais de um objeto-todo.

73) Avalie as afirmações abaixo sobre os diagramas da UML. Coloque V quando a afirmação for verdadeira e F quando falsa.

I – ( ) O diagrama de colaboração é muito semelhante ao diagrama de sequência, diferenciando-se no ponto em que o diagrama de sequência concentra-se na ordenação temporal em que os eventos ocorrem e as mensagens são chamadas, enquanto o diagrama de colaboração se preocupa com a organização estrutural dos objetos, em como os objetos estão vinculados e as mensagens que estes trocam entre si;

II – ( ) O diagrama de atividades descreve os passos a serem percorridos para a conclusão de um método ou algoritmo específico;

III – ( ) O diagrama de componentes apresenta uma visão dinâmica de como o sistema será implementado e quais são os seus componentes.

Identifique a alternativa com a associação correta:

A) I-V; II-V; III-V; B) I-V; II-F; III-F; C) I-F; II-V; III-F; D) I-V; II-V; III-F; E) I-F; II-F; III-F.

Comentários: a alternativa correta é a D. A afirmativa I é verdadeira: os dois diagramas são correspondentes: o de sequência mostra a ordenação temporal em que as ativações entre os objetos ocorrem; o de colaboração mostra que ativações ocorrem entre os objetos, sem preocupação com a ordenação temporal. A afirmativa II é verdadeira. A afirmativa III é falsa, pois o diagrama de componentes é um diagrama estático que mostra os componentes e suas dependências (que componente ativa qual outro).

74) O diagrama de classes é o mais utilizado diagrama da UML. Ele permite visualizar as classes que comporão o sistema, com seus respectivos atributos e métodos, bem como demonstram como as classes do sistema se relacionam.

Avalie as afirmações abaixo sobre aspectos de construção do diagrama de classes. Coloque V quando a afirmação for verdadeira e F quando falsa.

I – ( ) O diagrama de classes mostra uma visão dinâmica de como as classes interagem.

II – ( ) Classes associativas são classes que estão ligadas a associações, em vez de estarem ligadas a outras classes.

III – ( ) Associações ternárias são necessárias quando é preciso associar objetos de três classes distintas.

Identifique a alternativa com a associação correta:

A) I-V; II-V; III-V; B) I-F; II-V; III-V; C) I-V; II-F; III-V; D) I-F; II-V; III-F; E) I-F; II-F; III-F.
Comentários: a afirmativa I é falsa, pois o diagrama de classes mostra uma visão estática de como as classes interagem. A afirmativa II é verdadeira. A alternativa III é verdadeira. Portanto, a alternativa B é a correta.

75) A UML não define uma estruturação específica a ser utilizada na descrição do formato expandido de um caso de uso. Há diversas propostas para descrever este formato.
Verifique a lista abaixo. Coloque V quando o item for usado na descrição de caso de uso e F quando não for usado.
I – ( ) Pré-condições/pós-condições;
II – ( ) Foco de controle do objeto;
III – ( ) Fluxo principal;
IV – ( ) Linha de vida do objeto;
V – ( ) Ator primário.
Identifique a alternativa com a associação correta:
(A) I-V; II-V; III-V; IV-V; V-V; (B) I-V; II-F; III-F; IV-F; V-F.
(C) I-V; II-V; III-F; IV-F; V-F; (D) I-V; II-F; III-V; IV-F; V-V.
(E) I-F; II-F; III-F; IV-F; V-F.
Comentários: os itens que dizem respeito a casos de uso são o I, III e V. Os itens II e IV dizem respeito ao diagrama de sequência. Portanto, a alternativa correta é a D.

76) Generalização/especialização é um tipo de relacionamento possível de ser aplicado a qual (quais) elemento(s) de modelo da UML?
(A) Classes, casos de uso e atores; (B) Somente classes; (C) Classes e estados; (D) Casos de uso e estados; (E) Classes e atividades.
Comentários: a alternativa correta é A: pode-se aplicar generalização-especialização entre classes, entre casos de uso e entre atores. Não é válido entre estados e entre atividades, o que invalida C e E. E não é somente entre classes (invalida a alternativa B).

77) A UML é uma linguagem visual para modelar sistemas orientados a objetos. Por meio dos elementos gráficos definidos nesta linguagem podem-se construir diagramas que representam diversas perspectivas de um sistema.
Veja os elementos da UML abaixo. Coloque V quando o elemento for usado no diagrama de classes e F quando não for usado:
I – ( ) Atividade;

II – ( ) Estado;
III – ( ) Classes;
IV – ( ) Transição;
V – ( ) Associações.
Identifique a alternativa com a associação correta:
(A) I-V; II-V; III-F; IV-F; V-F; (B) I-F; II-V; III-V; IV-F; V-F;
(C) I-F; II-F; III-V; IV-V; V-F; (D) I-V; II-F; III-V; IV-V; V-F;
(E) I-F; II-F; III-V; IV-F; V-V.
Comentários: os itens que aparecem nos diagramas de classes são III e V. O item I aparece no diagrama de atividades; os itens II e IV aparecem no diagrama de gráfico de estados (diagrama de máquina de estados). Portanto, a alternativa correta é a E.

78) Pode-se agrupar os diagramas da UML, por exemplo, considerando três visões: a) visão estática (ou estrutural); b) visão dinâmica e c) visão funcional.
Identifique a opção abaixo que contém somente diagramas que podem ser enquadrados na visão estática:
(A) Diagrama de classes, diagrama de componentes, diagrama de sequência.
(B) Diagrama de estados, diagrama de casos de uso, diagrama de atividades.
(C) Diagrama de classes, diagrama de componentes, diagrama de implantação.
(D) Diagrama de classes, diagrama de estados, diagrama de implantação.
(E) Diagrama de casos de uso, diagrama de atividades, diagrama de estados.
Comentários: a alternativa correta é a C. Na alternativa A, o diagrama de sequência é diagrama de visão dinâmica. Na alternativa B os três diagramas são de visão dinâmica. Na alternativa D, o diagrama de estados é de visão dinâmica. Na alternativa E, todos são de visão dinâmica.
79) Avalie as afirmações abaixo sobre os diagramas de casos de uso (assinale com V se a afirmação for verdadeira e F se for falsa):
I - ( ) O relacionamento <<include>> deve ser usado para modelar extensões a outros casos de uso completos.
II – ( ) Um ator representa sempre uma pessoa num diagrama de caso de uso.
III – ( ) É possível aplicar generalização tanto entre atores quanto entre casos de uso.

Identifique a alternativa com a associação correta:
(A) I-V; II-V; III-V; (B) I-V; II-F; III-F; (C) I-F; II-F; III-V; (D) I-V; II-V; III-F.
Comentários: a alternativa correta é a C. A afirmação I é falsa: relacionamento
<<include>> faz inclusões; a afirmação II é falsa porque o ator pode representar
também um sistema com o qual este se relaciona (pode fornecer entrada ou uma
saída para este). A afirmação III é verdadeira (a generalização – seta vazada –
aplica-se a atores e casos de uso).

80) O diagrama da UML utilizado para representar o aspecto estrutural de um sistema orientado a objetos é o:
(A) Diagrama de sequência; (B) Diagrama de estados; (C) Diagrama de casos de uso; (D) Diagrama de colaboração; (E) Diagrama de classes.
Comentários: a alternativa correta é a E. Os diagramas das alternativas A, B, C e
D mostram aspectos dinâmicos de um sistema.

81) No contexto de orientação a objetos, objetos possuem comportamento. O termo comportamento diz respeito a operações realizadas por um objeto e também ao modo pelo qual essas operações são executadas. Como se chama o mecanismo que consiste em restringir o acesso ao comportamento interno de um objeto?
(A) Polimorfismo; (B) Encapsulamento; (C) Herança; (D) Mensagem; (E) Interface.
Comentários: a alternativa correta é a B. Os itens A, B e C foram definidos na
questão 48. A mensagem (alternativa D) é a informação passada pelo objeto
emissor ao receptor. A interface (alternativa E) do objeto é o meio pelo qual são
feitas requisições a ele, para acessar seus atributos e métodos.

82) Avalie as afirmações abaixo sobre aspectos do diagrama de classes da UML (assinale com V se a afirmação for verdadeira e F se for falsa):
I – ( ) Classes associativas são classes que estão ligadas a associações em vez de estarem ligadas a outras classes.
II – ( ) Uma agregação é utilizada para representar conexões entre objetos que guardam uma relação todo-parte entre si.
III – ( ) Na composição, os objetos-parte podem pertencer a mais de um todo.
IV – ( ) As agregações são simétricas no sentido de que, se um objeto A é parte de um objeto B, o objeto B pode ser parte do objeto A.
Identifique a alternativa com a associação correta:
(A) I-V; II-V; III-V; IV-V; (B) I-V; II-F; III-F; IV-F; (C) I-V; II-V; III-F; IV-F;
(D) I-V; II-F; III-V; IV-V; (E) I-V; II-F; III-V; IV-F.
Comentários: a alternativa correta é a C. A afirmação I é verdadeira; a afirmação
II é verdadeira. A afirmação III é falsa porque na composição há a ideia de um

todo: por exemplo, um colégio (todo) e suas salas (as partes); as salas pertencem a um só colégio, não é possível compartilhá-la com outro colégio; havendo interesse de eliminar um colégio, suas salas não podem ser mantidas. A afirmação IV é falsa: as agregações são assimétricas.

83) Em UML, o estereótipo para as classes persistentes de um sistema é:
(A) <<fronteira>>; (B) <<controle>>; (C) <<interface>>; (D) <<entidade>>.
Comentários: a alternativa correta é a D. O estereótipo <<fronteira>> (alternativa A) é usado para as classes com as quais os usuários interagem (formulários, menus, consultas, relatórios). O estereótipo <<controle>> (alternativa B) é usado para as classes que fazem a intermediação entre as classes de fronteiras e as de entidades. O estereótipo <<interface>> (alternativa C) designa uma relação de assinaturas de métodos a ser implementada por uma classe à qual a interface esteja associada, por meio de uma relação de realização; uma interface pode conter também dados, na forma de constantes (SILVA, 2007).

84) Na UML, o conceito de visibilidade identifica por quem uma propriedade (atributo ou operação) pode ser utilizada. Para indicar que a propriedade será vista e usada apenas dentro da classe na qual foi declarada, deve-se usar:
(A) *public* (público) ou +; (B) *protected* (protegido) ou #; (C) *package* (pacote) ou ~. (D) *private* (privado) ou -.
Comentários: a alternativa correta é a D (private – privado). A visibilidade public – público (alternativa A) indica que o atributo (ou o método) é visível por todas as classes. A visibilidade protected – protegido (alternativa B) indica que o atributo (ou o método) é visível a todas as subclasses e à própria classe. A visibilidade package – pacote (alternativa C) indica que o atributo (ou o método) é visível ao pacote.

85) Na UML, o conjunto *default* de restrições de generalização é:
(A) {complete, overlapping}; (B) {complete, disjoint}; (C) {incomplete, overlapping}; (D) {incomplete, disjoint}.
Comentários: a alternativa correta é a D. Não havendo declaração explícita de restrição de generalização será assumido: incompleta, disjunta.

86) O diagrama da UML que descreve uma arquitetura de execução, ou seja, a configuração de hardware e software que define como o sistema será configurado e como ele operará é o diagrama de:
(A) implantação; (B) componentes; (C) pacotes; (D) objetos.

Comentários: a alternativa correta é a A. O diagrama de componentes (alternativa B) descreve os componentes de software de um sistema e suas dependências entre si. O diagrama de pacotes mostra como os elementos do modelo são organizados em pacotes, e as dependências entre eles. O diagrama de objetos mostra os objetos do sistema e suas ligações. (FURTADO & COSTA JUNIOR, 2010).

87) Os requisitos de um sistema capturados pelo modelo de casos de uso são:
(A) os requisitos funcionais; (B) os requisitos de desempenho; (C) os requisitos de interface; (D) as regras de negócio.
Comentários: a alternativa correta é a A. As alternativas B e C contêm requisitos não funcionais, que não são modelados por casos de uso. As regras de negócio (alternativa D) dizem respeito a políticas que devem ser consideradas, mas não são necessariamente requisitos funcionais, especificáveis por casos de uso.

88) Com relação ao diagrama de casos de uso abaixo:

Correntista   Fechar conta   <<estende>>   Realizar saque

Identifique a afirmativa correta:
(A) O diagrama acima ilustra a generalização de casos de uso, em que "*Fechar conta*" herda o que consta de "*Realizar saque*".
(B) O caso de uso "*Fechar conta*" estende o caso de uso "*Realizar saque*".
(C) O caso de uso "*Realizar saque*" inclui o caso de uso "*Fechar conta*"
(D) O caso de uso "*Fechar conta*" sempre executa o caso de uso "*Realizar saque*".
(E) O caso de uso "*Realizar saque*" opcionalmente pode ser executado em "*Fechar conta*".
Comentários: a alternativa A é falsa porque não aparece generalização no diagrama (a generalização é indicada pela seta vazada); a alternativa B é falsa porque "Realizar saque" estende "Fechar conta", e não o contrário; a alternativa C é falsa porque não há inclusão de casos de uso, que são denotados pelo estereótipo <<inclui>> ou <<include>>. A alternativa D é falsa porque nem sempre o caso de uso "Realizar saque" é executado por "Fechar conta"; isto só ocorre se houver saldo disponível que deveria ser realizado antes do fechamento da conta. A alternativa E é verdadeira.

89) Como se chama na UML a associação em que uma se associa a ela mesma?
(A) Associação unária; (B) Composição; (C) Agregação; (D) Especialização; (E) Generalização.
Comentários: a alternativa correta é a A. A composição (alternativa B) é um dos tipos de estrutura todo-parte: aquela em que, ao excluir o todo, as partes necessariamente são excluídas. A agregação (alternativa C) é um dos tipos de estrutura todo-parte: aquela em que, ao excluir o todo, as partes não são excluídas necessariamente. A especialização (alternativa D) e a generalização (alternativa E) são parte da estrutura de implementação da herança.

90) Pode-se agrupar os diagramas da UML 2, por exemplo, considerando três visões: a) visão estática (ou estrutural); b) visão dinâmica e c) visão funcional.
Identifique a opção abaixo que contém somente diagramas que podem ser enquadrados na visão estática:
(A) Diagrama de estrutura composta, diagrama de componentes, diagrama de sequência; (B) Diagrama de máquina de estados, diagrama de casos de uso, diagrama de atividades; (C) Diagrama de classes, diagrama de componentes, diagrama de pacotes; (D) Diagrama de pacotes, diagrama de máquina de estados, diagrama de implantação; (E) Diagrama de casos de uso, diagrama de atividades, diagrama geral de interação.
Comentários: a alternativa correta é a C. Questão semelhante à 78.

91) Em UML, o modificador de uma classe que não poderá ter ancestral é:
(A) *abstract*; (B) *final;* (C) *root*; (D) *active.*
Comentários: a alternativa correta é a C. Esta é daquelas questões em que uma alternativa induz a resposta. Ou seja, "classe que não tem ancestral" só pode ser uma classe raiz (root), não é?

92) Em UML, a visibilidade de uma operação acessível somente pelas classes que participam de sua estrutura de herança é:
(A) *protected*; (B) *public*; (C) *private*; (D) *package.*
Comentários: a alternativa correta é a A. Veja o comentário da questão 84.

93) O diagrama da UML que mostra os objetos em determinado momento na memória, com valores em seus atributos, é o diagrama de:
(A) Comunicação; (B) Classes; (C) Estados; (D) Sequência; (E) Objetos.

Comentários: a alternativa correta é a E (diagrama de objetos). Este diagrama relaciona dado objeto de uma classe com dado objeto de outra(s) classe(s). Como se trata de objeto (e não classe), os valores dos atributos são definidos.

94) Em UML, a visibilidade de um atributo que só pode ser acessado pela classe em que ele está declarado é:
(A) *public*; (B) *private;* (C) *protected;* (D) *package*; (E) *transient.*
Comentários: a alternativa correta é a B. Veja o comentário da questão 84.

95) Um diagrama da UML para especificação de aspectos comporta-mentais do sistema é o:
(A) Diagrama de Estrutura Composta; (B) Diagrama de Pacotes; (C) Diagrama de Visão Geral de Interação; (D) Diagrama de Classes; (E) Diagrama de Implantação.
Comentários: a alternativa correta é a C. O diagrama de estrutura composta (alternativa A) descreve a estrutura interna de um classificador (classe ou componente), detalhando as partes que o compõem, como elas se comunicam e colaboram entre si. O diagrama de pacotes (alternativa B) representa os subsistemas de um sistema (é estrutural). O diagrama de visão geral de interação (alternativa C) é uma variação do diagrama de atividades, que fornece uma visão geral de um sistema. Os diagramas de classe (alternativa D) e de implantação (alternativa E) são estruturais.(GUEDES, 2009).

96) Na modelagem de classes usando UML (*Unified Modeling Language*) é sempre recomendável especificar a multiplicidade dos relacionamentos (associações).
Seguindo-se a notação associação (classe1, classe2), assinale a alternativa que *melhor* descreve a multiplicidade da associação Casar (Marido, Esposa).
(A) 1:1; (B) 1:n; (C) n:n; (D) 2:1; (E) 1:2.   (POSCOMP/2008)
Comentários: a alternativa correta é a A. A resposta é óbvia: associação um para um, pois um marido associa-se a uma esposa; uma esposa associa-se a um marido.

97) Multiplicidade é um conceito muito importante na modelagem de classes em programação orientada a objetos. Por isso, na modelagem de classes usando *Unified Modeling Language* (UML), é sempre recomendável especificar a multiplicidade dos relacionamentos (associações). Um dos tipos mais comuns de multiplicidade é a multiplicidade um-para-muitos (1:n).

Entre as alternativas abaixo, assinale a que apresenta uma situação de associação um-para-muitos, seguindo a notação "associação (classe1, classe2)".
(A) Comprar (Jornal, Leitor); (B) Casar (Marido, Esposa); (C) Torcer (Time, Pessoa); (D) Votar (Prefeito, Eleitor); (E) Escrever (Coluna, Colunista).

(POSCOMP/2007)

Comentários: a alternativa correta é a D (um prefeito é votado por zero a vários eleitores; um eleitor, por sua vez, vota em um e somente um prefeito). Na alternativa A, um jornal é comprado por zero a vários leitores; um leitor compra um a vários jornais. Na alternativa B, um marido casa com uma esposa; uma esposa casa com um marido. Na alternativa C, um time tem como torcedor uma a várias pessoas; uma pessoa torce por um a vários times. Na alternativa E, uma coluna é escrita por um a vários colunistas; um colunista escreve uma a várias colunas.

98) Considere as seguintes afirmativas sobre as facilidades oferecidas pela UML 2.0.
I. O Diagrama de Comunicação, como o próprio nome já indica, procura dar ênfase à troca de mensagens entre os objetos durante o processo. Outra característica interessante é que, embora partilhe elementos com o Diagrama de Sequência, o Diagrama de Comunicação não apresenta linhas de vida.
II. Quando necessitamos detalhar um estado individual no Diagrama de Máquina de Estados, podemos utilizar o recurso estado composto, o qual possibilita a representação de subestados dentro de um mesmo diagrama.
III. Visando contemplar as necessidades de modelagem de sistemas de tempo real e aplicações hipermídia e multimídia, onde a representação do tempo em que um objeto executa algo é essencial, a UML 2.0 disponibiliza o Diagrama de Tempo que descreve as mudanças de estado de um objeto ao longo do tempo.
IV. No intuito de facilitar a representação de uma visão mais geral de um sistema (ou processo), a UML 2.0 oferece o Diagrama de Interação Geral, uma variação do Diagrama de Atividades no qual são utilizados quadros ao invés de nós de ação. Estes podem aparecer no modo detalhado (apresentando seu comportamento interno) ou não.
A esse respeito, pode-se afirmar que
(A) são verdadeiras todas as afirmativas; (B) nenhuma das afirmativas é verdadeira; (C) somente as afirmativas II e III são verdadeiras; (D)

somente as afirmativas III e IV são verdadeiras; (E) somente as afirmativas I, II e III são verdadeiras. (POSCOMP/2007)

Comentários: a alternativa correta é a A (todas as afirmativas são verdadeiras). Sobre a afirmativa I: o diagrama de comunicação mostra qual objeto interage com qual ou quais outro(s); não busca mostrar ordenação temporal. Sobre a afirmativa III: o diagrama de tempo é uma das novidades da UML 2.0, enfatizando as mudanças de estado do objeto ao longo do tempo. Sobre a afirmativa IV: o diagrama de interação geral cumpre papel importante na especificação ao mostrar uma visão ampla do fluxo de controle em um sistema ou processo de negócio. (FURTADO & COSTA JUNIOR, 2010).

99) Na UML, o Diagrama de Casos de Uso proporciona uma forma de representar a aplicação segundo a perspectiva do usuário. Considere o Diagrama de Casos de Uso para um sistema de gerenciamento de cursos a distância apresentado na figura a seguir.

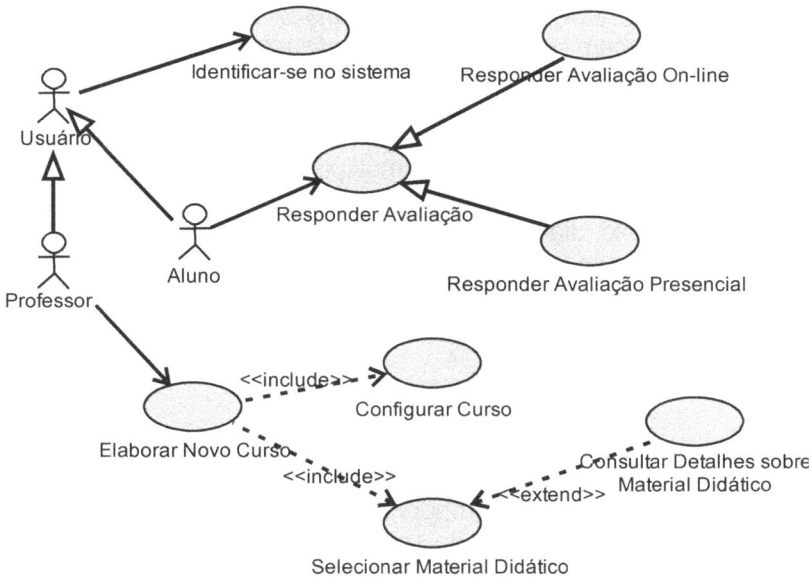

A esse respeito, analise as seguintes afirmativas.
I. O relacionamento <<include>> entre os casos de uso "Elaborar Novo Curso", "Configurar Curso" e "Selecionar Material Didático" representa um caminho obrigatório de execução de funções da aplicação.

II. O caso de uso "Consultar Detalhes sobre Material Didático" só é executado se o caso de uso "Selecionar Material Didático" tiver sido executado anteriormente.

III. Os relacionamentos especiais <<include>> e <<extends> são exclusivos para casos de uso.

IV. A utilização de diferentes perfis de usuário (atores: "Aluno" e "Professor") é representada através de um tipo de relacionamento especial chamado composição, o qual pode ser aplicado tanto a casos de uso como entre atores.

A análise permite afirmar que

(A) todas as afirmativas são verdadeiras; (B) nenhuma das afirmativas é verdadeira; (C) somente as afirmativas II e III são verdadeiras; (D) somente as afirmativas III e IV são verdadeiras; (E) somente as afirmativas I, II e III são verdadeiras. (POSCOMP/2007)

Comentários: a alternativa correta é a E. As afirmativas I, II e III são verdadeiras. Na afirmativa I, o relacionamento <<include>> é de execução obrigatória, já o <<extend>> exige que o caso de uso estendido determine, por meio de algum teste, a execução do caso de uso extensor (neste exemplo, o caso de uso "Consultar Detalhes sobre Material Didático". A afirmativa IV é falsa, pois inexiste o relacionamento composição entre casos de uso e atores.

100) Na modelagem de classes usando UML (*Unified Modeling Language*) é recomendável especificar a multiplicidade dos relacionamentos (associações). Um tipo muito comum de multiplicidade é a um-para-muitos. Nos casos abaixo, diga qual é o caso que se trata de uma associação um-para-muitos, seguindo a notação "associação (classe1, classe2)".

(A) Votar (Presidente, Eleitor); (B) Casar (Marido, Esposa); (C) Torcer (Time, Torcedor); (D) Escrever (Livro, Autor); (E) Assinar (Revista, Assinante). (POSCOMP/2006)

Comentários: a alternativa correta é a A. Veja a questão 97.

101) A notação da *Unified Modeling Language* (UML) que descreve a sequência de atividades com suporte para comportamento condicional usando *branches* e *merges* e comportamento paralelo usando *forks* é:

(A) Casos de uso; (B) Diagrama de sequência; (C) Diagrama de classes; (D) Diagrama de atividades; (E) Diagrama de estados. (POSCOMP/2006)

Comentários: a alternativa correta é a D. O diagrama de atividades (alternativa D) apresenta os seguintes nodos: nodo inicial, nodo final de atividade, nodo final de fluxo, nodo conector, nodo decisão, nodo fusão, nodo fork e nodo join. O diagrama de (máquina de) estados (alternativa E) apresenta os pseudoestados escolha (choice) e término (terminate) úteis para modelagem da evolução de estados.

102) Considere as seguintes afirmações sobre o diagrama de classes e outros modelos UML (*Unified Modeling Language*):
(I) O diagrama de classes pode representar as classes sob diferentes perspectivas, tais como a conceitual, a de especificação e a de implementação.
(II) O diagrama de classes, diferentemente do diagrama de estados, é estático.
(III) O diagrama de classes, diferentemente do diagrama de atividades, não contém mensagens.
Quais são as afirmações verdadeiras?
(A) Somente a afirmação (I); (B) Somente a afirmação (II); (C) Somente as afirmações (I) e (III); (D) Somente as afirmações (II) e (III); (E) Afirmações (I), (II) e (III). (POSCOMP/2005)
Comentários: a alternativa correta é a E. As três afirmações são verdadeiras.

103) Qual das alternativas abaixo não é um dos diagramas existentes na linguagem de modelagem UML (Unified Modeling Language) :
(A) Diagramas de Casos de Uso (*use case diagrams*); (B) Diagramas de Classes (*class diagrams*); (C) Diagramas de Sequência (*sequence diagrams*); (D) Diagramas Entidade-Relacionamento (*entity-relationship diagrams*); (E) Diagramas de Estado (*statechart diagram*)
(POSCOMP/2004)
Comentários: a alternativa correta é a D. O DER é um dos principais diagramas da Análise Estruturada; a propósito, outro diagrama importante da Análise Estruturada é o DFD – diagrama de fluxo de dados.

104) A linguagem de modelagem UML contém a definição de vários diagramas que permitem representar diferentes partes de um modelo de sistema tipicamente aplicada a sistemas orientados a objetos. Analise as seguintes afirmações referentes a UML:
I. Diagramas de Casos de Uso permitem uma descrição do escopo e do comportamento pretendido do sistema através da representação das interações entre atores e o próprio sistema;
II. Diagramas de Estado são similares a Diagramas de Atividade, mas uma diferença básica entre eles é que os primeiros representam comportamento que causa mudanças de estado de um simples elemento (tipicamente um objeto) e são usados geralmente durante o projeto do software, enquanto os segundos representam comportamento entre diferentes elementos e geralmente são usados para modelar os fluxos das atividades de negócios durante a análise do software;

III. Diagramas de Sequência representam as interações entre objetos para a realização de algum comportamento do sistema, dando ênfase à ordenação temporal das trocas de mensagens entre os objetos;
Levando-se em conta as três afirmações I, II e III acima, identifique a única alternativa válida:
(A) apenas a I e a II estão corretas; (B) apenas a II e a III estão corretas; (C) apenas a I e a III estão corretas; (D) as afirmações I, II e III estão corretas; (E) apenas a III está correta. (POSCOMP/2004)
Comentários: a alternativa correta é a D. Comentários de questões anteriores já apresentaram descrições dos diagramas citados.

105) A UML (Unified Modeling Language) é uma linguagem visual para visualizar, especificar, construir e documentar os artefatos dos sistemas. A palavra visual é Importante, pois a UML é uma notação diagramática.
Em relação aos diagramas da UML, é correto afirmar:
(A) Os diagramas de interação descrevem como grupos de classes colaboram em algum comportamento. O diagrama de sequência é um diagrama de interação que, normalmente, captura o comportamento de vários cenários, mostrando como as classes e mensagens são passadas no contexto de um conjunto de casos de uso.
(B) O diagrama de máquina de estados permite visualizar um workflow ou um processo de negócio. É especialmente útil para detalhar um caso de uso que descreve um workflow complexo envolvendo muitas partes e ações concorrentes.
(C) A UML 2.0 divide os diagramas em duas categorias: (i) diagramas estruturais (ou estáticos) e (ii) diagramas comportamentais (ou dinâmicos). O diagrama de componentes é um diagrama comportamental que representa a topologia física do sistema, bem como os vários componentes de software de um sistema e suas dependências.
(D) O diagrama de casos de uso apresenta as funcionalidades externamente observáveis do sistema e os elementos externos ao sistema que interagem com ele. No diagrama de casos de uso, um elemento externo que interage com o sistema é denominado de ator. Os atores podem ser, por exemplo, pessoas, outros sistemas e equipamentos.
(E) Um modelo de domínio é ilustrado com um conjunto de diagramas de classes. O termo "Modelo de domínio" significa uma representação de classes conceituais do mundo real e as restrições inerentes à tecnologia a ser utilizada na solução. É importante constarem neste modelo os atributos e operações de cada classe. (POSCOMP/2011)

Comentários: a alternativa correta é a D. A alternativa A é falsa: os diagramas de interação (sequência e comunicação) descrevem como os diferentes objetos interagem para concretizar um cenário. O diagrama de sequência se aplica a objetos. A alternativa B é falsa porque o diagrama de máquinas de estados não visualiza workflow ou processo de negócio: quem faz isto é o diagrama de atividades. A alternativa C é falsa porque o diagrama de componentes é estrutural, e não dinâmico. A alternativa E só completa as cinco alternativas (não existe modelo de domínio).

106) A UML (Unified Modeling Language) é uma linguagem padrão para a elaboração da estrutura de projetos que pode ser empregada para a visualização, a especificação, a construção e a documentação de artefatos.

No contexto da UML, um relacionamento é uma conexão entre itens, representado graficamente como um caminho, com tipos diferentes de linhas para diferenciar os tipos de relacionamento.

Com base no enunciado e nos conhecimentos sobre o tema, correlacione os tipos de relacionamentos e suas respectivas descrições.

(I) É um relacionamento de utilização, determinando que um item usa as informações e serviços de outro item, mas não necessariamente o inverso.

(II) É um relacionamento entre itens gerais e tipos mais específicos desses itens.

(III) É um relacionamento estrutural que especifica objetos de um item conectados a objetos de outro item. A partir deste relacionamento, é possível navegar do objeto de uma classe até o objeto de outra classe e vice-versa.

    (A) Associação
    (B) Dependência
    (C) Generalização

Assinale a alternativa que contém a associação correta.

(A) I-A; II-B; III-C; (B) I-B; II-A; III-C; (C) I-B; II-C; III-A; (D) I-C; II-B; III-A; (E) I-C; II-A; III-B.　　　　　　　　　　　　　　　　(POSCOMP/2010)

Comentários: a alternativa correta é a C. O item I descreve a dependência; o item II descreve a generalização (relacionamentos entre itens gerais e itens mais específicos); o item III descreve a associação.

107) O conjunto de casos de uso representa as possíveis interações que serão representadas nos requisitos do sistema. A figura a seguir desen-

volve um exemplo de biblioteca e mostra outros casos de uso (*use-cases*) nesse ambiente.

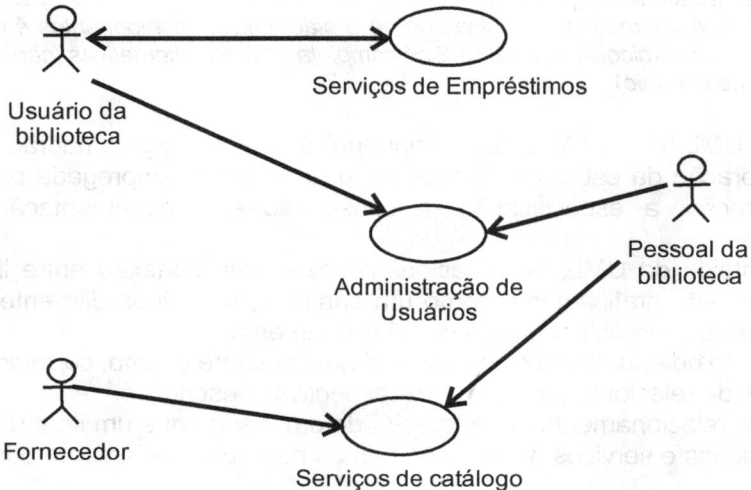

Biblioteca - Fonte Sommerville (2003, p113). SOMMERVILLE, I. Engenharia de software. 6. ed. São Paulo: Makron Books, 2003, p. 113

Com relação ao tema, analise as asserções a seguir.

A figura também ilustra os pontos essenciais da notação de casos de uso. Os agentes no processo são representados por bonecos e cada tipo de interação é representada por uma elipse com um nome

PORQUE

a UML é um padrão para a modelagem orientada a objetos e, assim, os casos de uso e a obtenção de requisitos com base em casos de uso são cada vez mais utilizados para obter requisitos.

Acerca dessas asserções, assinale a opção correta.

(A) As duas asserções são proposições verdadeiras, e a segunda é uma justificativa correta da primeira.

(B) As duas asserções são proposições verdadeiras, mas a segunda não é uma justificativa correta da primeira.

(C) A primeira asserção é uma proposição verdadeira, e a segunda, uma proposição falsa.

(D) A primeira asserção é uma proposição falsa, e a segunda, uma proposição verdadeira.

(E) Tanto a primeira quanto a segunda asserções são proposições falsas.
(ENADE/2011)
Comentários: a alternativa correta é a B. Antes um comentário sobre a forma de elaboração da questão: confusa – é o mínimo que se pode dizer. As duas asserções são verdadeiras. A alternativa A é falsa: a segunda asserção não é justificativa da primeira.

108) Analise as seguintes afirmações sobre a UML (Linguagem de Modelagem Unificada).
I. A UML é uma metodologia para o desenvolvimento de software orientado a objetos, uma vez que fornece um conjunto de representações gráficas e sua semântica para a modelagem de software.
II. O diagrama de casos de uso procura, por meio de uma linguagem simples, demonstrar o comportamento externo do sistema. Esse diagrama apresenta o sistema sob a perspectiva do usuário, e é dentre todos da UML, o mais abstrato, flexível e informal.
III. Um relacionamento de extensão de um caso de uso "A" para um caso de uso "B" significa que toda vez que "A" for executado ele incorporará o comportamento definido em "B".
IV. Os diagramas de comportamento da UML demonstram como ocorrem as trocas de mensagens entre os objetos do sistema para se atingir um determinado objetivo.
É correto apenas o que se afirma em
(A) I e II; (B) II e IV; (C) III e IV; (D) I, II e III; (E) II, III e IV. (ENADE/2011)
Comentários: a alternativa correta é a B. A afirmação I é falsa: UML não é metodologia, é linguagem. A afirmação II é verdadeira. A afirmação III é falsa (no relacionamento de extensão o comportamento só é incorporado depois de avaliação de uma condição). A afirmação IV é verdadeira.

109) O diagrama de atividades é um dos diagramas disponíveis na UML (Linguagem de Modelagem Unificada) para a modelagem de aspectos dinâmicos de sistemas.

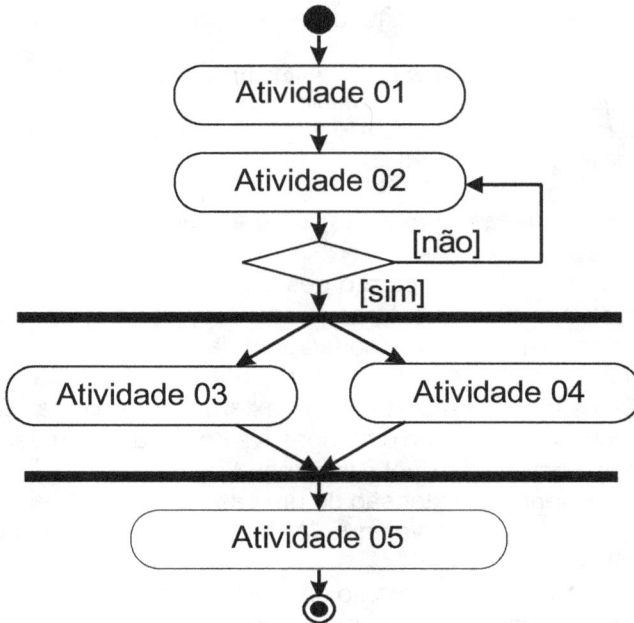

Com relação ao diagrama de atividades apresentado, avalie as afirmações a seguir.

I. A atividade 05 será executada se a atividade 03 ou a atividade 04 for concluída.

II. A ramificação sequencial existente após a atividade 02 significa que, caso o fluxo seja [não], é necessário que sejam executadas novamente as atividades 01 e 02.

III. As atividades 03 e 04 vão ter início ao mesmo tempo, entretanto, não significa que terminarão ao mesmo tempo.

IV. Caso o fluxo de ramificação sequencial existente após a atividade 02 tenha o fluxo [sim], a atividade 02 não será mais executada.

É correto apenas o que afirma em

(A) I e II; (B) II e III; (C) III e IV; (D) I, II e IV; (E) I, III e IV.   (ENADE/2011)

Comentários: a alternativa correta é a C. A afirmação I é falsa porque a atividade 5 só é executada quando as atividades 03 e 04 forem concluídas. A afirmação II é falsa porque se o fluxo é [não] somente a atividade 02 é executada novamente. As afirmações III e IV são verdadeiras.

110) No desenvolvimento de um *software* para um sistema de venda de produtos nacionais e importados, o analista gerou o diagrama de casos de uso a seguir.

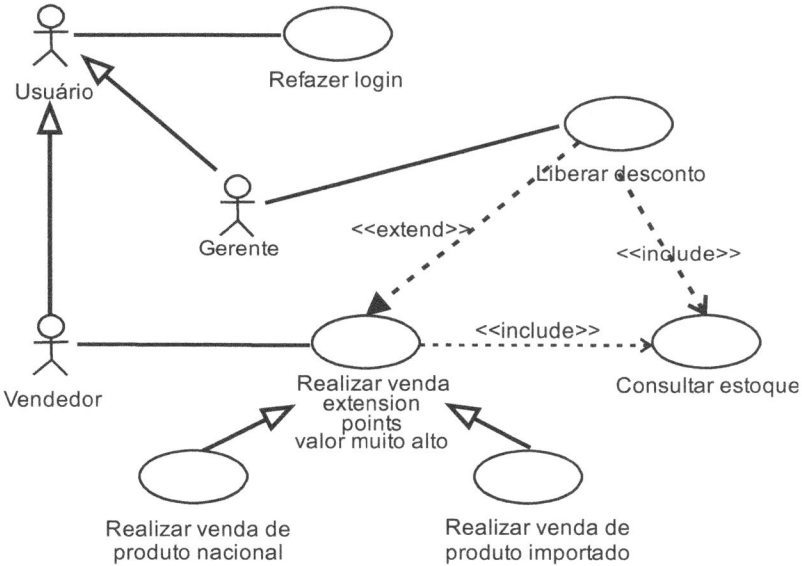

Da análise do diagrama, conclui-se que
(A) a execução do caso de uso 'Consultar estoque' incorpora opcional-mente o caso de uso 'Liberar desconto'; (B) a execução do caso de uso 'Liberar desconto' incorpora opcionalmente o caso de uso 'Realizar venda'; (C) a execução do caso de uso 'Realizar venda' incorpora obriga-toriamente o caso de uso 'Consultar estoque'; (D) a execução do caso de uso 'Realizar venda de produto nacional' incorpora obrigatoriamente o caso de uso 'Liberar desconto'; (E) um Gerente pode interagir com o caso de uso 'Realizar venda', pois ele é um Usuário.

(ENADE/2011)

Comentários: a alternativa correta é a C. A alternativa A é falsa porque não há opcionalidade quando se usa <<include>>. A alternativa B é falsa porque, de acordo com o diagrama, é o contrário que está expresso: 'Realizar venda' incorpora, opcionalmente, 'Liberar desconto', por ser usado o estereótipo <<extends>>. A alternativa D é falsa porque não há <<include>> entre os casos de uso citados. A alternativa E é falsa porque somente o vendedor pode ativar 'Realizar venda'. Pelo diagrama, o gerente ativa 'Liberar desconto' e pode ativar

´Realizar login´. Esta última funcionalidade é acessível ao gerente pelo fato de ele herdar o que o usuário pode fazer.

1.8 PADRÕES DE PROJETO

111) *Bridge* (ponte), *Decorator* (decorador), *Façade* (fachada), *Proxy* (procurador) e *Flyweight* (peso-mosca) são exemplos de padrões gof:
(A) Criacionais; (B) Comportamentais; (C) Estruturais; (D) De persistência.
Comentários: a alternativa correta é a C. Outros padrões estruturais são: Adapter (Adaptador) e Composite (Composto). Os padrões criacionais (ou de criação) são: Abstract Factory, Builder, Factory Method, Prototype e Singleton. Os padrões comportamentais são: Chain of Responsability, Command, Inter-preter, Iterator, Mediator, Memento, Observer, State, Strategy, Template Method e Visitor. O padrão gof (Gang Of Four) foi criado por Gamma e sua turma. Outro padrão é o GRASP (General Responsability Assignment Software Patterns or Principles), que contém um conjunto de práticas para atribuição de responsabilidades a classes e objetos em Programação Orientada a Objetos.

112) O padrão de projeto comportamental (gof) baseado em objetos, que define o esqueleto de um algoritmo em uma operação e delega etapas intermediárias às subclasses é:
(A) template method; (B) observer; (C) factory method; (D) proxy.
Comentários: a alternativa correta é a A (template method – padrão método gabarito). A alternativa B (observer – padrão observador) é um padrão comportamental baseado em objetos; quando há mudança em um objeto, ele se encarrega de notificar e atualizar (automaticamente) todos os objetos dependentes. A alternativa C (padrão método fábrica; também é conhecido como construtor virtual – virtual constructor) é um padrão de criação, baseado em classes que oferece uma interface para a criação de um objeto, e são as subclasses que decidem a que classe pertence o objeto a ser gerado. A alternativa D (Padrão Proxy; também conhecido como substituto – surrogate) é um padrão estrutural baseado em objetos, que controla o acesso a um objeto, passando, primeiramente, por um objeto-representante (BALZERT, 2008).

113) As seguintes afirmações dizem respeito ao uso de Padrões de Projeto (*Design Patterns*), mais especificamente os padrões GoF (apresentados e descritos no livro clássico de E. Gamma, R. Helm, R. Johnson e J. Vlissides).

I. Padrões de Projeto são descrições de grupos de classes (e objetos) que colaboram para resolver um problema geral e recorrente num contexto determinado;
II. Os padrões GoF são em número de 45 (quarenta e cinco) e dividem-se tipicamente em padrões estruturais (ou de estrutura), comportamentais (ou de comportamento), de criação, de delegação e de combinação.
III. Padrões de criação permitem maior flexibilidade na criação de objetos ou de coleções de objetos. O padrão *Singleton*, por exemplo, assegura que uma classe tem exatamente uma única instância.
Levando-se em conta as três afirmações I, II e III acima, identifique a única alternativa válida:
(A) apenas a I e a II estão corretas; (B) apenas a II e a III estão corretas; (C) apenas a I e a III estão corretas; (D) todas as afirmações estão corretas; (E) nenhuma das afirmações está correta.   (POSCOMP/2004)
Comentários: a alternativa correta é a C. A afirmação I é verdadeira. A afirmação II é falsa: são 23 os padrões gof (ver comentário da questão 111). A afirmação III é verdadeira.

1.9 ANÁLISE DE SISTEMAS

114) Durante o processo de análise de sistemas há alguns tipos de modelos de sistema que podem ser criados. O modelo que mostra os principais subsistemas que constituem um sistema é o modelo de
(A) arquitetura; (B) composição; (C) fluxo de dados; (D) estímulo-resposta.
Comentários: a alternativa correta é a A. A alternativa B (modelo de composição ou agregação) mostra como as entidades no sistema são compostas por outras entidades. A alternativa C (modelo de fluxo de dados) mostra como os dados são processados em diferentes estágios do sistema. A alternativa D (modelo de estímulo-resposta ou diagrama de transição de estados) mostra como o sistema reage aos eventos internos e externos (SOMMERVILLE, 2007).

115) Qual das seguintes é uma área concernente ao modelo de análise de sistema?
(A) Identificação do escopo; (B) Projeto de dados; (C) Interfaces; (D) Arquitetura do software; (E) Projeto de casos de teste.
Comentários: a alternativa correta é a A. No modelo de análise, o escopo do sistema é definido. A alternativa B (projeto de dados) é concernente ao modelo de projeto. A alternativa C (interfaces) é parte do modelo de projeto também. O mesmo ocorre com as alternativas D e E.

116) O processo da engenharia de sistemas normalmente começa com a:
(A) Visão de mundo, ou seja, com a visão do todo onde o software vai ser inserido; (B) Visão de domínio do sistema; (C) Visão de elementos componentes do sistema; (D) Visão detalhada do sistema; (E) Visão detalhada de cada componente do sistema, para daí compreender o todo.
Comentários: a alternativa correta é a A. O processo de engenharia de sistemas começa pelo estudo do todo (referente à área da empresa) para a qual se vai desenvolver o software. A partir deste estudo, identificam-se os componentes do software que será desenvolvido e como estes darão conta do que é necessário para atender as necessidades identificadas. Com esta visão, pode-se elaborar a visão do domínio (alternativa B). O que está na alternativa C detalha o domínio do sistema. O que está na alternativa D detalha o que está na alternativa C. O que está na alternativa E detalha o que está na alternativa D.

117) Documentos de projeto de software servem principalmente para ajudar o projetista a tomar boas decisões e para explicar o projeto para os outros envolvidos. Levando em consideração o conteúdo de um documento de projeto, assinale a alternativa abaixo que contém tópicos de um modelo de guia para o documento de projeto.
(A) Objetivo, escopo, requisitos, principais características do projeto e detalhes do código; (B) Objetivo, prioridades gerais, visão geral do projeto, principais características do projeto e detalhes do projeto; (C) Visão geral do projeto, escopo, objetivo, principais características do projeto e detalhes do código. (D) Objetivo, prioridades gerais, requisitos, escopo e detalhes do projeto; (E) Nenhuma das anteriores.

(POSCOMP/2007)
Comentários: a alternativa correta é a B. As alternativas A e D são falsas porque nem o escopo nem os requisitos são especificados no documento de projeto. A alternativa C é falsa porque o escopo não faz parte do documento do projeto.

1.10 ENGENHARIA DE REQUISITOS

118) Tempo médio de falha, probabilidade de indisponibilidade e taxa de ocorrência de falhas são métricas para especificar propriedades de requisitos:
(A) Não funcionais; (B) Funcionais; (C) Externos; (D) De domínio.
Comentários: a alternativa correta é a A. Estes dados são típicos do requisito não funcional robustez. Os requisitos funcionais (alternativa B) estão relacionados a funcionalidades que o sistema deve fornecer; em algumas situações estes requisitos podem estabelecer explicitamente o que o sistema não deve fazer. Os requisitos externos (alternativa C) são aqueles requisitos não funcionais derivados

de fatores externos ao sistema: podem incluir requisitos de interoperabilidade (interação com sistemas de outras organizações), requisitos legais (observância a leis que disciplinam a área de conhecimento de que trata o sistema) e requisitos éticos (para assegurar que o sistema será aceito pelos usuários e pelo público em geral). Os requisitos de domínio constituem a terceira classe de requisitos (as outras são os funcionais e os não funcionais); são provenientes do domínio da aplicação do sistema e refletem características e restrições desse domínio; podem ser funcionais e não funcionais. (SOMMER-VILLE, 2007).

119) De acordo com a classificação de requisitos voláteis proposta por Ian Sommerville, os requisitos que resultam da introdução do sistema de computador (esta introdução pode mudar os processos da organização e criar novas formas de trabalho que geram novos requisitos de sistema) são os:
(A) Requisitos mutáveis; (B) Requisitos emergentes; (C) Requisitos consequentes; (D) Requisitos de compatibilidade.
Comentários: a alternativa correta é a C. A classificação de requisitos voláteis proposta por Sommerville inclui: requisitos mutáveis, requisitos emergentes, requisitos consequentes e requisitos de compatibilidade. Os requisitos mutáveis (alternativa A) são aqueles que mudam devido a mudanças no ambiente da organização em que se está operando. Os requisitos emergentes (alternativa B) são os que surgem à medida que a compreensão do sistema pelo cliente avança durante o desenvolvimento do sistema. Os requisitos de compatibilidade (alternativa D) são aqueles que dependem de processos de negócios específicos dentro de uma organização. (SOMMERVILLE, 2007).

120) A rastreabilidade é a propriedade de uma especificação de requisitos refletir a facilidade de encontrar os requisitos relacionados.
Entre os tipos de informações de rastreabilidade que podem ser mantidos, aquelas que ligam os requisitos aos *stakeholders* (interessados) que propuseram os requisitos e aos motivos desses requisitos:
(A) Informações de rastreabilidade da origem
(B) Informações de rastreabilidade de requisitos
(C) Informações de rastreabilidade de projeto
(D) Não é possível registrar informações de rastreabilidade de requisitos.
Comentários: a alternativa correta é a A. As informações de rastreabilidade de requisitos (alternativa B) ligam os requisitos dependentes no documento de requisitos. As informações de rastreabilidade de projeto ligam os requisitos aos módulos de projeto onde são implementados, e permitem avaliar o impacto de mudanças de requisitos propostas no projeto e na implementação do sistema. (SOMMERVILLE, 2007).

121) A Engenharia de Requisitos é um processo que envolve todas as atividades exigidas para criar e manter o documento de requisitos de sistema. Sobre a Engenharia de Requisitos, considere as afirmativas a seguir.

I. A Engenharia de Requisitos, como todas as outras atividades de Engenharia de Software, precisa ser adaptada às necessidades do processo, do projeto, do produto e do pessoal que está fazendo o trabalho.
II. No estágio de levantamento e análise dos requisitos, os membros da equipe técnica de desenvolvimento do software trabalham com o cliente e os usuários finais do sistema para descobrir mais informações sobre o domínio da aplicação, que serviços o sistema deve oferecer, o desempenho exigido do sistema, as restrições de hardware, entre outras informações.
III. Na medida em que a informação de vários pontos de vista é coletada, os requisitos emergentes são consistentes.
IV. A validação de requisitos se ocupa de mostrar que estes realmente definem o sistema que o cliente deseja. Ela é importante porque a ocorrência de erros em um documento de requisitos pode levar a grandes custos relacionados ao retrabalho.
Assinale a alternativa correta.
(A) Somente as afirmativas I e II são corretas; (B) Somente as afirmativas I e III são corretas; (C) Somente as afirmativas III e IV são corretas; (D) Somente as afirmativas I, II e IV são corretas; (E) Somente as afirmativas II, III e IV são corretas. ‘ (POSCOMP/2010)
Comentários: a alternativa correta é a D. As afirmativas I e II são verdadeiras. A afirmativa III é falsa porque não há garantia de consistência dos requisitos emergentes pelo fato de terem sido coletados vários pontos de vista. A afirmativa IV é verdadeira.

122) Considere as afirmativas abaixo:
I. Requisitos não-funcionais não são mensuráveis.
II. Requisitos funcionais descrevem as funções que o software deverá executar.
III. Requisitos não funcionais expressam condições que o software deve atender ou qualidades específicas que o software deve ter.
Assinale a alternativa *CORRETA:*
(A) Somente as afirmativas I e II são verdadeiras; (B) Somente as afirmativas II e III são verdadeiras; (C) Somente a afirmativa III é verdadeira; (D) As afirmativas I, II e III são falsas; (E) Todas as afirmativas são verdadeiras. (POSCOMP/2009)

Comentários: a alternativa correta é a B. A afirmativa I é falsa. As afirmativas II e III são verdadeiras.

123) O levantamento de requisitos é uma etapa fundamental do projeto de sistemas. Dependendo da situação encontrada, uma ou mais técnicas podem ser utilizadas para a elicitação de requisitos. A respeito dessas técnicas, analise as afirmações a seguir.

I. *Workshop* de requisitos consiste na realização de reuniões estruturadas e delimitadas entre os analistas de requisitos do projeto e representantes do cliente.

II. Cenário consiste na observação das ações do funcionário na realização de uma determinada tarefa, para verificar os passos necessários para sua conclusão.

III. As entrevistas são realizadas com os *stakeholders* e podem ser abertas ou fechadas.

IV. A prototipagem é uma versão inicial do sistema, baseado em requisitos levantados em outros sistemas da organização.

É correto apenas o que se afirma em

(A) I e II; (B) I e III; (C) II e IV; (D) I, III e IV; (E) II, III e IV.   (ENADE/2011)

Comentários: a alternativa correta é a B. Portanto, somente as afirmações I e II são verdadeiras. Os workshops de requisitos referidos na afirmação I são as chamadas sessões de JAD – Joint Application Design – Projeto Conjunto de Aplicação. A afirmação II é falsa: na verdade, cenário designa uma interação entre um ator e o sistema. A afirmação IV é uma rematada bobagem.

124) Requisitos de um sistema são frequentemente classificados como funcionais, não-funcionais e de domínio. Qual a definição que melhor descreve requisitos não funcionais?

(A) São ferramentas automatizadas de apoio ao processo de desenvolvimento de sistemas.

(B) São requisitos que descrevem o que o sistema deve fazer, como deve reagir a determinadas entradas e como deve comportar-se em situações particulares.

(C) São requisitos que derivam do domínio da aplicação e que refletem características e restrições desse domínio.

(D) São requisitos que não estão diretamente relacionados com as funções específicas do sistema.

(E) São requisitos que especificam como deve ser testada uma parte do sistema, incluindo-se as entradas, os resultados esperados e as condições sob as quais os testes devem ocorrer.   (ENADE/2005)

Comentários: a alternativa correta é a D. A alternativa A contém afirmativa que nada tem a ver com requisito não funcional. A alternativa B define requisito funcional. A alternativa C define requisito de domínio. A alternativa E contém afirmativa que nada tem a ver com requisito não funcional.

125) Requisitos funcionais e não funcionais podem definir características e funcionalidades presentes na interface a ser desenvolvida para um sistema. Em relação aos requisitos não funcionais, também chamados de requisitos de qualidade, avalie as afirmações a seguir.

I – São levantados e elicitados após os requisitos funcionais, uma vez que os requisitos funcionais determinarão as funcionalidades da interface.
II – Sempre serão definidos de forma concreta, através de requisitos funcionais, uma vez que o usuário manipula na interface somente as funcionalidades levantadas.
III – Podem complementar os requisitos funcionais.
É correto o que se afirma em:
(A) II, apenas; (B) III, apenas; (C) I e II, apenas; (D) I e III, apenas; (E) I, II e III. (ENADE/2014)

Comentários: a alternativa correta é a B. Sobre a afirmativa I: não há esta ordenação na busca pelos requisitos do sistema. Sobre a afirmativa II: os requisitos não funcionais não são expressos por meio dos funcionais; eles enfatizam aspectos que precisam ser levados em conta no software, como desempenho, aspectos de segurança, aspetos da interação humano-computador, dentre outros.

1.11 ANÁLISE ESTRUTURADA MODERNA

126) Que elementos da especificação estruturada são descritos no dicionário de dados, segundo a Análise Estruturada Moderna?
(A) Somente fluxos de dados e depósitos de dados; (B) Somente elementos de dados e depósitos de dados; (C) Somente depósitos de dados; (D) Fluxos de dados, registros de dados, depósitos de dados e elementos de dados; (E) Fluxos de dados, processos e depósitos de dados.

Comentários: a alternativa correta é a D. Na Análise Estruturada, os dicionários de dados continham a especificação dos processos; na Moderna, esta especificação foi retirada do dicionário e deixada à parte.

A questão 127 e a questão 128 a seguir tratam de dicionário de dados, que é uma ferramenta valiosa na especificação de um sistema.

127) Segundo a Análise Estruturada Moderna, qual o significado da seguinte entrada em um dicionário de dados?
a = b + 5{c}10 + (d) + [e/f/g].
(A) a é igual a b, somado com 5 a 10 ocorrências de c, somado com uma ocorrência opcional de d, somado com uma das alternativas e, f ou g; (B) a é composto de b, e 5 a 10 ocorrências de c, e opcionalmente uma ocorrência de d, e uma das alternativas e, f ou g; (C) a é igual a b, e 5 a 10 ocorrências opcionais de c, e uma somente ocorrência obrigatória de d, e uma das alternativas e, f ou g; (D) a é igual a uma ocorrência de b, e 5 a 10 ocorrências de c, e uma ocorrência obrigatória de d, e uma das alternativas e, f ou g; (E) a é composto de b, e 5 a 10 ocorrências de c, e opcionalmente uma ocorrência de d, e uma ocorrência de e, f e g.
Comentários: a alternativa correta é a B. A alternativa A é incorreta porque o sinal "=" significa "é constituído de" e o sinal "+" significa concatenação. Pela mesma razão já podemos descartar as alternativas C e D. A alternativa E é incorreta pela última parte da entrada: [e/f/g] significa que uma das alternativas será escolhida, e, f ou g e não e, f e g (como se fosse concatenação).

128) Na Análise Estruturada Moderna, a entrada abaixo no dicionário de dados significa:
X = (b) + {c} + [d/e/f]
(A) X é composto de uma ocorrência obrigatória de b, uma ocorrência de c e uma ocorrência de d, e e f; (B) X é composto de uma ocorrência de b, várias ocorrências de c e uma ocorrência de d, e e f; (C) X é composto de uma ocorrência opcional de b, e zero a várias ocorrências de c e uma ocorrência de d, e ou f; (D) X recebe o valor de b somado com o valor de c e somado com o valor de [d/e/f].
Comentários: a alternativa correta é a C. A alternativa A é incorreta porque a ocorrência de b não é obrigatória; como está entre parênteses é opcional; como c está entre chaves, significa que há 0 a várias ocorrências de c; como d, e e f estão entre colchetes, separados por barras, significa que ocorre uma delas: d ou e ou f. A alternativa B é incorreta porque a ocorrência de b é opcional; c ocorre 0 a várias vezes; de uma ocorrência d, ou e ou f. A alternativa D é incorreta porque o sinal "=" não tem significado de atribuição; c ocorre 0 a várias vezes, concatenado com uma ocorrência de d ou e ou f.

129) O diagrama de transição de estados:
(A) Mostra o relacionamento entre as entidades do sistema; (B) Indica as reações do sistema a eventos externos; (C) Mostra como os dados são

transformados pelo sistema; (D) Mostra as funções que transformam os fluxos de dados; (E) Indica quem utiliza o sistema.
Comentários: a alternativa B é a correta. A alternativa A é incorreta; seria válida para o diagrama de entidades e relacionamentos. A alternativa C é incorreta; seria válida para o diagrama de fluxo de dados. As alternativas D e E são incorretas.

130) Sobre o diagrama de entidades e relacionamentos (DER), pode-se afirmar que:
(A) os seus relacionamentos são unidirecionais, isto é, podem ser lidos numa única direção; (B) ele modela as funções executadas pelo sistema; (C) nem todas as entidades pertinentes de um sistema precisam ser consideradas; (D) ele permite derivar os esquemas de bancos de dados relacionais.
Comentários: a alternativa A é incorreta; os relacionamentos não são unidirecionais no DER. A alternativa B é incorreta. A alternativa C é incorreta, pois todas as entidades pertinentes do sistema têm que ser consideradas. A alternativa D é a correta.

131) São ferramentas de especificação de processos da Análise Estruturada Moderna:
(A) diagrama de contexto, diagrama de fluxo de dados; (B) diagrama de fluxo de dados, dicionário de dados; (C) árvore de decisão, tabela de decisão, português estruturado; (D) diagrama de entidades e relacionamentos, dicionário de dados, diagrama de estrutura modular.
Comentários: a alternativa correta é a C. As outras alternativas não contêm ferramentas de especificação de processos.

132) Uma especificação precisa apresentar o sistema a partir de várias perspectivas complementares. Na Análise Essencial, três são os modelos desenvolvidos: o modelo de processos ou modelo funcional, o modelo de dados e o modelo de controle.
A ferramenta básica utilizada para construção do modelo de controle é o diagrama de:
(A) fluxo de dados; (B) transição de estados; (C) entidades e relacionamentos; (D) contexto.
Comentários: a alternativa correta é a B. O diagrama de fluxo de dados (alternativa A) é a ferramenta gráfica do modelo de processos ou modelo funcional. O diagrama de entidades e relacionamentos (alternativa C) é a ferramenta gráfica do modelo de dados. O diagrama de contexto (alternativa D) é um diagrama de fluxo de dados que faz parte do modelo ambiental: contém as entidades externas (usuários do sistema) e as formas como elas interagem com o sistema.

133) Quais são os componentes do Modelo Ambiental da Análise Essencial?
(A) diagrama de entidades e relacionamentos, diagramas de transições de estados, lista de eventos; (B) DFD preliminar, dicionário de dados, lista de eventos; (C) miniespecificações, diagrama de contexto; (D) lista de eventos, diagrama de contexto, declaração de objetivos.
Comentários: a alternativa correta é a D. A Análise Essencial é também chamada de Análise Estruturada Moderna, e traz como novidade o Modelo Ambiental, para facilitar a validação dos requisitos por parte da comunidade de usuários.

134) Dentre as ferramentas de especificação de sistemas utilizadas no Modelo Comportamental da Análise Essencial, pode-se citar:
(A) dicionário de dados, diagrama de entidades e relacionamentos, diagrama de fluxo de dados; (B) dicionário de dados, diagrama de Petri, diagrama de atividades; (C) diagrama de classes, diagrama de objetos, diagrama de fluxo de dados; (D) tabela de decisão, diagrama de casos de uso, diagrama de classes.
Comentários: a alternativa correta é a A. Na alternativa B, os diagramas de Petri e de atividades não são diagramas da Análise Essencial (AE). Na alternativa C, o diagrama de classes e o de objetos não são diagramas da AE. Na alternativa D, o diagrama de classes não é diagrama da AE.

135) A técnica de especificação de processo da Análise Estruturada que deve ser usada quando o número de ações for grande e ocorrerem muitas combinações de condições é:
(A) a árvore de decisão; (B) a tabela de decisão; (C) o português estruturado; (D) o pseudocódigo.
Comentários: a alternativa correta é a B, porque a tabela de decisão garante que todas as combinações de condições possíveis sejam analisadas. A árvore de decisão é também apropriada para combinação de condições, mas não garante com a sua construção que todas as combinações sejam propostas e analisadas.

1.12 PROJETO ESTRUTURADO DE SISTEMAS

136) A métrica estática do produto de software que é uma medida do número de funções ou métodos que chamam alguma outra função ou método é denominada:
(A) *Fan-in;* (B) *Fan-out;* (C) Extensão de código; (D) Complexidade ciclomática.

Comentários: a alternativa correta é a A. Fan-out (alternativa B) é a medida dada pelo número de subordinados de uma função ou método.

137) O nível de coesão em que componentes ou operações são agrupados para permitir que um seja invocado imediatamente depois que o anterior tiver sido acionado, mesmo quando não há passagem de dados entre eles, é o
(A) funcional; (B) em camada; (C) comunicacional; (D) procedural.
Comentários: a alternativa correta é a D. Para ocorrer este nível de coesão, os componentes são criados a partir de um procedimento ou algoritmo que se decide particionar.

138) Qual é a forma de acoplamento entre módulos em que um módulo passa mais dados que um outro precisa para trabalhar?
(A) Acoplamento de imagem; (B) Acoplamento de dados; (C) Acoplamento comum; (D) Acoplamento de controle; (E) Acoplamento de conteúdo.
Comentários: a alternativa correta é a A. Nesta forma, há passagem de um registro contendo a informação a ser processada. O acoplamento de dados (alternativa B) é a forma desejável de acoplamento. O acoplamento comum (alternativa C) ocorre quando os módulos compartilham uma área comum (por exemplo, quando se empregam variáveis globais). O acoplamento de controle (alternativa D) ocorre quando informação de controle é passada de um para outro (flag, por exemplo). O acoplamento de conteúdo (alternativa E) é aquele que ocorre quando um módulo tem acesso à parte interna do outro (por exemplo, como ocorre em linguagem montadora).

139) É mais fácil resolver um problema quando o dividimos em partes gerenciáveis. Este é um argumento para a modularidade de software.
Isto posto, seja C(x) uma função que define a complexidade perceptível de um problema x e E(x) uma função que define o esforço (em tempo) necessário para resolver o problema x. Considerando dois problemas, p1 e p2, e as duas funções acima, qual a alternativa correta?
(A) Se C(p1) > C(p2), então E(p1) < E(p2); (B) Se C(p1) < C(p2), então E(p1) > E(p2);
(C) C(p1 + p2) > C(p1) + C(p2); (D) E(p1 + p2) < E(p1) + E(p2);
(E) E(p1 + p2) = E(p1) + E(p2).
Comentários: a alternativa correta é a C. A alternativa A seria válida se tivéssemos: ... então E(p1) > E(p2). Da mesma forma, a alternativa B seria válida se tivéssemos: ... então E(p1) < E(p2). A alternativa D será válida se tivéssemos E(p1 + p2) > E(p1) + E(p2). Sobre a alternativa E: o esforço de tratar um todo não

é igual à soma dos esforços quando os desenvolvemos de forma isolada: o esforço de tratar o todo será sempre maior.

140) A coesão é uma das medidas de avaliação utilizadas no Projeto Estruturado de Sistemas. Com respeito a esta medida, qual o nível de coesão mais desejável que os módulos devem apresentar?
(A) Coesão coincidental; (B) Coesão temporal; (C) Coesão funcional; (D) Coesão sequencial; (E) Coesão procedural.
Comentários: a alternativa correta é a C. Na ordem do melhor para o pior nível de coesão, teríamos: funcional, sequencial, temporal, procedural, coincidental.

141) A forma de acoplamento entre classes em que certo número de componentes usa variável global é o acoplamento:
(A) por conteúdo; (B) comum; (C) carimbado; (D) externo.
Comentários: a alternativa correta é a B. Esta forma de acoplamento é indesejável porque, havendo um erro qualquer, não se consegue identificar a causadora sem ter que analisar todas as classes com acesso à variável global.

142) O estilo arquitetural em que os componentes de um sistema encapsulam os dados e as operações aplicadas para manipulá-los é a arquitetura
(A) centrada nos dados; (B) de fluxo de dados; (C) de chamada e retorno; (D) orientada a objetos.
Comentários: a alternativa correta é a D. O conceito de objeto pressupõe o encapsulamento, já que seus dados e suas operações são acessíveis somente por meio da sua interface.

143) A estratégia do Projeto Estruturado de Sistemas que identifica o fluxo aferente e o fluxo eferente no DFD para derivar a arquitetura do software é o(a):
(A) mapeamento de transformação; (B) refatoração; (C) mapeamento de transação; (E) projeto de componentes.
Comentários: a alternativa correta é a A. As estratégias do Projeto Estruturado são o mapeamento de transformação (quando ocorrem seguidos processamentos até produzir os resultados de interesse do usuário, como no caso do processamento de uma folha de pagamento, por exemplo) e o de transação (quando o sistema tem características de processamento de transações, como no caso de uma aplicação bancária, por exemplo).

144) O princípio de Engenharia de Software que permite que problemas complexos sejam vistos e analisados em diferentes níveis de profundidade, com destaque de aspectos relevantes de um determinado fenômeno, ignorando-se os detalhes é a:
(A) Modularidade; (B) Generalidade; (C) Formalidade; (D) Abstração; (E) Decomposição.
Comentários: a alternativa correta é a D. A abstração possibilita concentrar-se nos aspectos relevantes do fenômeno em estudo, ignorando-se os detalhes em um primeiro momento.

1.13 TESTE DE SOFTWARE

145) O método de teste caixa-preta que divide o domínio de entrada de um programa em classes de dados, das quais os casos de teste podem ser derivados, chama-se:
(A) Análise de valor-limite; (B) Teste de matriz ortogonal; (C) Particionamento de equivalência; (D) Teste de caminho básico.
Comentários: a alternativa correta é a C. São métodos de teste caixa-preta: análise de valor-limite (análise das fronteiras do domínio de entrada), teste baseado em grafo (criação de grafo que represente os objetos importantes e suas relações), o particionamento de equivalência, o teste de matriz ortogonal (aplicado a problemas com domínio de entrada pequeno, em que se pode testar exaustivamente as permutações de entrada). (PRESSMAN, 2006).

146) O teste que se concentra em ações visíveis ao usuário e em saídas do sistema reconhecidas pelo usuário chama-se:
(A) Teste de validação; (B) Teste de integração; (C) Teste de unidade; (D) Teste de regressão.
Comentários: a alternativa A é a correta. O teste de integração (alternativa B) é o teste que visa verificar se há compatibilidade entre as interfaces dos componentes; o teste de unidade (alternativa C) é o teste realizado em um componente, isoladamente, normalmente feito pelo desenvolvedor ao concluí-lo; o teste de regressão (alternativa D) é o teste conduzido quando modificações são feitas no sistema, visando encontrar erros decorrentes de efeitos colaterais (ocorre quando uma modificação em um componente inesperadamente afeta outro(s) componente(s)).

147) Como se chama o teste executado por um cliente nas instalações do desenvolvedor, com o ambiente devidamente controlado pelo desenvolvedor, fazendo-se o devido registro de erros e problemas de uso?

(A) Teste alfa; (B) Teste beta; (C) Teste de integração; (D) Teste *top-down*; (E) Teste *bottom-up*.

Comentários: a alternativa correta é a A. O teste beta (alternativa B) ocorre o desenvolvedor libera o sistema para o usuário instalar no seu ambiente e fazer os testes que julga necessários para aprová-lo para implantação.

148) Com respeito ao Teste de Software, avalie as afirmativas abaixo, registrando V ou F conforme sejam verdadeiras ou falsas, respectivamente.

I - ( ) A validação de software é o conjunto de atividades que garante que o software que foi construído é rastreável às exigências do usuário.

II - ( ) As técnicas de projeto de casos de teste caixa-preta concentram-se na análise do código do software para identificar os casos de teste.

III - ( ) A pergunta-chave da verificação de software é "Estamos construindo certo o produto?".

IV - ( ) Teste de regressão é o teste realizado no software em operação sempre que ocorre manutenção.

Identifique a alternativa com a associação correta:

(A) I-V; II-V; III-V; IV-F; (B) I-F; II-V; III-F; IV-V; (C) I-V; II-F; III-V; IV-V; (D) I-F; II-V; III-V; IV-F; (E) I-V, II-V; III-F; IV-F.

Comentários: a afirmativa I é verdadeira, pois a validação cuida de atender as exigências dos usuários; a afirmativa II é falsa porque as técnicas de projeto de casos de teste caixa-preta não se concentram no código do software; as técnicas de projeto de casos de teste caixa-branca fazem isto. A afirmativa III é verdadeira, pois a verificação de software cuida de avaliar se o software atende o que foi especificado. A afirmativa IV é verdadeira. Portanto, a alternativa correta é a C.

149) O teste de software que é conduzido pelo próprio usuário na sua é o teste:

(A) alfa; (B) beta; (C) de regressão; (D) fumaça.

Comentários: a alternativa correta é a B. O teste alfa (alternativa A) e o teste de regressão (alternativa C) já foram referidos em comentários anteriores. O teste fumaça (alternativa D) é o teste realizado diariamente em ambiente de produção, mesmo quando os componentes ainda não foram concluídos, visando encontrar erros grosseiros de interface e outros.

150) Como se chama o teste de software que é realizado sempre que uma alteração é feita num sistema implantado?

(A) Teste alfa; (B) Teste beta; (C) Teste de validação; (D) Teste de regressão; (E) Teste de verificação.

Comentários: a alternativa correta é a D. Os testes mencionados nas outras alternativas já foram mencionados em comentários anteriores.

151) Uma estratégia aceitável para teste de software é (na ordem temporal de ocorrência):
(A) Teste de sistema, teste de validação, teste de integração, teste de unidade; (B) Teste de unidade, teste de integração, teste de validação, teste de sistema; (C) Teste de unidade, teste de validação, teste de integração, teste de sistema; (D) Teste de validação, teste de sistema, teste de unidade, teste de integração.
Comentários: a alternativa correta é a B. O primeiro teste a ser realizado é o teste de unidade. Sabendo isto, eliminamos as alternativas A e D. Quando o componente é liberado, faz-se o teste de integração; quando a integração é feita para todos os componentes, faz-se o teste de validação (verificar se o software atende os requisitos dos usuários); por fim, o teste do sistema.

152) A abordagem de depuração de software, realizada por indução ou dedução, em que os dados relacionados à ocorrência do erro são organizados para isolar problemas em potencial é:
(A) A força bruta; (B) O rastreamento; (C) A eliminação de causa; (D) A reestruturação de código; (E) O teste de regressão.
Comentários: a alternativa correta é a C. A força bruta (alternativa A) é a abordagem de depuração que consiste em analisar dumps hexadecimais, listagens de execução de programa utilizando arquivos reais ou trace de execução de programas; envolve grande esforço e pouca inteligência na depuração. O rastreamento ("backtracking") (alternativa B) consiste em rastrear de volta a execução de programas, a partir do ponto em que o erro foi detectado, até encontrar a sua origem; é uma abordagem adequada para programas pequenos. A alternativa D – reestruturação de código – não é estratégia de depuração. O teste de regressão (alternativa E) é o teste que deve ser realizado sempre que alterações forem feitas em programa em operação; consiste em testar tudo novamente, visto que alterações em um componente do programa, por efeitos colaterais, podem afetar inesperadamente outros.

153) O conjunto de atividades que garante que o software construído corresponde aos requisitos do cliente chama-se:
(A) Depuração; (B) Teste de Unidade; (C) Teste Fumaça; (D) Verificação de Software; (E) Validação de Software.
Comentários: a alternativa correta é a E. Depuração (alternativa A) é o processo de descoberta de erros em um programa. O teste de unidade é o teste de um componente, normalmente realizado pelo seu desenvolvedor. O teste fumaça

(alternativa C) é o teste realizado diariamente em uma instalação para encontrar erros grosseiros em um programa, mesmo que os seus componentes não tenham sido liberados. A verificação de software (alternativa D) é o processo que consiste em revisar o resultado de uma fase, confrontando-o com a especificação correspondente. Por exemplo, pode-se fazer a verificação do código produzido pelo programador, confrontando-o com a especificação do programa, para confirmar que foi levada em conta estritamente.

154) Dentre as afirmações dadas a seguir, assinale a afirmação FALSA.
(A) O objetivo dos testes é detectar erros; (B) Os testes aplicados a um software também devem ter controle de versões; (C) As atividades de teste começam após o término da fase de codificação; (D) Testes devem verificar não somente se o software faz o que é desejado, mas também se ele não faz algo indesejado; (E) As atividades de teste compreendem, entre outras, o projeto, a especificação e a implementação de casos de teste. (POSCOMP/2006)
Comentários: a alternativa correta é a C. É desejável que as atividades de teste sejam iniciadas antes da codificação. Por exemplo, com a preparação dos dados de teste antes que qualquer linha de código tenha sido escrita.

155) Considere as seguintes afirmações sobre o objetivo da atividade de validação de software:
(I) Verificar se o produto está sendo corretamente construído.
(II) Verificar se o produto está sendo corretamente avaliado.
(III) Verificar se o produto correto está sendo construído.
Quais são as afirmações verdadeiras?
(A) Somente a afirmação (II); (B) Somente a afirmação (III); (C) Somente as afirmações (I) e (II); (D) Somente as afirmações (II) e (III); (E) Afirmações (I), (II) e (III). (POSCOMP/2005)
Comentários: a alternativa correta é a B. A validação tem a ver com o confronto do software com os requisitos informados pelos usuários. O produto correto é aquele que atende aos interesses dos usuários.

156) A Atividade de Teste é considerada uma atividade dinâmica, pois implica na execução do código. Ela é composta das etapas de planejamento, definição dos casos de teste, execução dos casos de teste e análise dos resultados. A Atividade de Teste deve iniciar-se na fase:
(A) de projeto; (B) de codificação; (C) inicial de desenvolvimento; (D) de análise de resultados; (E) de validação. (POSCOMP/2005)

Comentários: a alternativa correta é a C. Na fase inicial de desenvolvimento, o programador planeja a atividade de teste e, com base no algoritmo de solução, os casos de teste são propostos. Na fase de projeto (alternativa A) é escolhida a estratégia de teste a ser adotada no teste do programa. A fase de codificação (alternativa B) consiste em converter em código o algoritmo formulado. A fase de análise de resultados (alternativa D) visa confirmar se os resultados produzidos durante o teste do programa estão corretos; se não estiverem corretos, há necessidade de depuração do software. A fase de validação (alternativa E) visa confirmar se o programa atende às necessidades dos usuários.

157) Em relação ao teste de software, qual das afirmações a seguir é INCORRETA:
(A) Os dados compilados quando a atividade de teste é levada a efeito proporcionam uma boa indicação da confiabilidade do software e alguma indicação da qualidade do software como um todo; (B) Um bom caso de teste é aquele que tem uma elevada probabilidade de revelar um erro ainda não descoberto; (C) Um teste bem sucedido é aquele que revela um erro ainda não descoberto; (D) A atividade de teste é o processo de executar um programa com a intenção de demonstrar a ausência de erros; (E) O processo de depuração é a parte mais imprevisível do processo de teste, pois um erro pode demorar uma hora, um dia ou um mês para ser diagnosticado e corrigido. (POSCOMP/2003)
Comentários: a alternativa correta é a D. O objetivo do teste de software é encontrar erros.

158) Tendo em vista a complexidade envolvida no desenvolvimento de um sistema de software, é importante assegurar que ele cumpra com suas especificações e atenda às necessidades dos usuários.
Sobre o desenvolvimento de software, considere as afirmativas a seguir.
I. A Validação tem como objetivo responder: "Estamos construindo o produto certo?" Já a Verificação busca responder: "Estamos construindo o produto corretamente?"
II. Em um cadastro, encontra-se um campo de entrada solicitando o ano de nascimento, sendo válidos valores entre 1900 e 2011. Os casos de testes para este campo, considerando a técnica de análise de valor limite, são: 1899, 1900, 1901, 2010, 2011, 2012 e 0.
III. As atividades de Verificação e Validação envolvem atividades de análise estática e de análise dinâmica do produto em desenvolvimento, e apenas as atividades de análise dinâmica envolvem a execução do produto.

IV. Um dos objetivos dos métodos de teste de caixa-preta é garantir que todos os caminhos de um programa tenham sido exercitados pelo menos uma vez, podendo-se aplicar a técnica do teste do caminho básico para este fim.
Assinale a alternativa correta.
(A) Somente as afirmativas I e II são corretas; (B) Somente as afirmativas I e III são corretas; (C) Somente as afirmativas III e IV são corretas; (D) Somente as afirmativas I, II e IV são corretas; (E) Somente as afirmativas II, III e IV são corretas. (POSCOMP/2011)
Comentários: a alternativa correta é a B. A afirmativa I é verdadeira. A afirmativa II é falsa porque o número 0 não é caso de teste para o limite mencionado. A afirmativa III é verdadeira. A afirmativa IV é falsa porque o teste caixa-preta não considera o código do programa para determinar o teste (para este fim o método é o caixa-branca).

159) Em projetos de desenvolvimento de *software*, vários tipos de testes podem ser empregados para garantia da qualidade do produto. Um dos tipos comumente empregados é o teste de regressão, o qual tem como objetivo
(A) identificar defeitos através da verificação do código-fonte; (B) identificar defeitos através da execução do sistema ou parte dele; (C) identificar defeitos no sistema em situação de sobrecarga; (D) verificar a existência de defeitos após alterações em um sistema (ou parte dele) já testado; (E) verificar a existência de defeitos em um sistema ou parte dele.
(ENADE/2011)
Comentários: a alternativa correta é a D. A palavra "regressão" revela que se deve voltar aos testes realizados na fase de desenvolvimento e refazê-los todos, pois as alterações efetuadas podem ter ocasionado erros inesperados, por efeitos colaterais ("side effects", em inglês).

160) Julgue os seguintes itens referentes a teste de software.
I – A técnica de teste funcional, que estabelece os requisitos de teste com base em determinada implementação, permite verificar se são atendidos os detalhes do código e solicita a execução de partes ou de componentes elementares do programa; a técnica de teste estrutural aborda o software de um ponto de vista macroscópico e estabelece os requisitos de teste, com base em determinada implementação.
II – Na fase de teste de unidade, o objetivo é explorar-se a menor unidade de projeto, procurando-se identificar erros de lógica e de implementação de cada módulo; na fase de teste de integração, o objetivo é descobrir erros associados às interfaces entre os módulos quando esses são

integrados, para se construir a estrutura do software, estabelecida na fase de projeto.

III – Critérios com base na complexidade, em fluxo de controle e em fluxo de dados, são utilizados pela técnica estrutural de teste.

Assinale a opção correta.

(A) Apenas um item está certo; (B) Apenas os itens I e II estão certos; (C) Apenas os itens I e III estão certos; (D) Apenas os itens II e III estão certos; (E) Todos os itens estão certos. (ENADE/2005)

Comentários: a alternativa correta é a D. A afirmativa do item I é falsa porque a técnica de teste funcional aborda o software do ponto de vista macroscópico e a técnica de teste estrutural estabelece os requisitos de teste com base em dada implementação. A afirmativa do item II é verdadeira. A afirmativa do item III é verdadeira.

1.14 INTERAÇÃO HUMANO-COMPUTADOR

161) Qual é o método de avaliação de usabilidade que consiste em solicitar a usuários a realização de algumas tarefas de teste previamente estabelecidas para a avaliação da interface a ser estudada?

(A) Avaliação heurística; (B) Ensaios de interação; (C) Uso de *guidelines* e *checklists;* (D) Uso de questionários e entrevistas.

Comentários: a alternativa correta é a B. A avaliação heurística (alternativa A) é um método tradicional de avaliação de usabilidade, que consiste na inspeção feita por um grupo de avaliadores (3 a 5), baseando-se em princípios de usabilidade reconhecidos. Nos ensaios de interação (alternativa B), os usuários realizam algumas tarefas de teste enquanto observadores avaliam os resultados em laboratório de usabilidade.

162) A avaliação de interface é o processo de avaliação de usabilidade de uma interface e de verificação se a interface atende aos requisitos de usuário.

Dentre os atributos de usabilidade que devem ser considerados na avaliação de uma interface, aquele descrito pela pergunta "Quão tolerante é o sistema em relação aos erros do usuário?" é o atributo:

(A) Facilidade de recuperação; (B) Facilidade de adaptação; (C) Facilidade de aprendizado; (D) Robustez.

Comentários: a alternativa correta é a D. Como os erros cometidos pelos usuários são inevitáveis, o teste de usabilidade avalia se o sistema é robusto, ou seja, se não "aborta" ou para anormalmente.

163) Para atingir usabilidade, o projeto da interface de usuário para qualquer produto interativo, incluindo software, necessita levar em consideração um número de fatores.

Marque, nas alternativas abaixo, o fator que NÃO deve ser considerado na análise de usabilidade de um projeto de interface de usuário.

(A) Capacidades cognitivas e motoras de pessoas em geral; (B) Características únicas da população usuária em particular; (C) Fatores que levem em consideração as restrições de uso de um grupo em particular não suportado pelo produto; (D) Requisitos das atividades dos usuários que estão sendo suportadas pelo produto; (E) Nenhuma das anteriores.

(POSCOMP/2007)

Comentários: a alternativa correta é a C. A ênfase do teste de usabilidade é com os grupos de usuários do sistema.

164) A percepção humana é um processo ativo fundamental na interação humano-computador. Duas classes importantes de teorias que explicam a maneira como percebemos são representadas pelas abordagens construtivista e ecológica. Assinale a alternativa INCORRETA:

(A) A abordagem construtivista possibilita entender como a informação que chega à retina é decomposta em partes significativas; (B) A abordagem ecológica possibilita entender as propriedades visuais de objetos em termos de quanto esses objetos evocam ações a serem realizadas sobre eles; (C) *Affordance* é um conceito relacionado à abordagem construtivista.; (D) Psicólogos *Gestaltistas* foram os primeiros a descrever princípios gerais subjacentes ao processo de organização perceptual; (E) São princípios da *Gestalt* para organização perceptual: proximidade, similaridade, fecho, continuidade e simetria.

(POSCOMP/2006)

Comentários: a alternativa correta é a C. O conceito de affordance está relacionado a um conjunto de características de um objeto capazes de revelar aos seus usuários as operações e as manipulações que eles podem fazer com o objeto.

165) Os modelos de ciclo de vida surgidos na área de Interação Humano-computador apresentam uma tradição mais forte de foco no usuário, quando comparados aos modelos de ciclo de vida da Engenharia de Software. Assinale a alternativa INCORRETA:

(A) O desenvolvimento de protótipos é parte integral do *design* iterativo centrado no usuário porque possibilita que *designers* testem suas ideias com usuários; (B) O modelo de ciclo de vida Estrela surgiu de um trabalho empírico de observação de como os *designers* de interface de usuário trabalhavam; (C) O modelo de ciclo de vida Estrela não especifica a ordem em que as atividades devem ser realizadas; (D) O modelo de ciclo de vida

Estrela é centrado na avaliação; sempre que uma atividade é completada, seu resultado deve ser avaliado; (E) No modelo de ciclo de vida Estrela o projeto deve iniciar com a avaliação de uma situação existente.

(POSCOMP/2006)

Comentários: a alternativa correta é a E. O ciclo de vida em estrela foi proposto por Hix e Hartson no início da década de 1990 como ciclo voltado para IHC. É constituído de seis atividades (importante: não há prescrição de sequência destas atividades; o projetista pode decidir iniciar por qualquer delas, dependendo do que estiver disponível quando começar o processo): 1) análise de tarefas, usuários e funções; 2) especificação de requisitos; 3) projeto conceitual e especificação de design; 4) prototipação; 5) implementação; 6) avaliação. Após concluir cada atividade, o projetista deve avaliar os resultados obtidos para confirmar que obteve uma solução satisfatória. As alternativas A, B, C e D são corretas. A alternativa E é incorreta porque não há prescrição de sequência de atividades neste modelo. (BARBOSA & SILVA,2010).

166) Avaliação de interface de usuário, em sentido amplo, envolve coletar dados sobre a usabilidade de um *design* ou produto. Constituem tipos de avaliação:

(I) Avaliação rápida, na qual os *designers* obtêm um *feedback* informal de usuários ou consultores.

(II) Testes de usabilidade, que envolvem avaliar o desempenho de usuários típicos na realização de tarefas em laboratório.

(III) Estudos de campo, que são realizados em ambientes reais para verificar o impacto do *design* em atividades naturais do usuário em seu contexto.

(IV) Avaliação preditiva, em que especialistas aplicam seu conhecimento a respeito de usuários típicos visando prever problemas de usabilidade.

Estão corretas:

(A) Somente (I) e (III); (B) Somente (II) e (IV); (C) Somente (I), (II) e (IV); (D) Somente (II), (III) e (IV); (E) Todas as afirmações (I), (II), (III) e (IV).

(POSCOMP/2006)

Comentários: a alternativa correta é a E. Barbosa & Silva (2010) apresentam os métodos de avaliação de IHC em dois grupos: 1) por inspeção; 2) por observação. Por inspeção, os métodos são avaliação heurística, percurso cognitivo e inspeção semiótica. Por observação, os métodos são teste de usabilidade, avaliação de comunicabilidade e protipação em papel. Foge ao escopo deste livro apresentar o detalhamento destes métodos; sugerimos consultar Barbosa & Silva (2010) para isto.

167) Inspeção de Usabilidade é o nome genérico para um conjunto de métodos baseados em se ter avaliadores inspecionando ou examinando

aspectos relacionados à usabilidade de uma interface de usuário. Qual das alternativas a seguir não é um desses métodos?
(A) Avaliação Heurística; (B) Walktrough Pluralístico; (C) Walktrough Cognitivo; (D) Testes de Usabilidade; (E) Revisões de *Guidelines*.

(POSCOMP/2005)

Comentários: a alternativa correta é a D. Os métodos de inspeção caracterizam-se por empregar especialistas em interfaces: todos são, exceto o item D (testes de usabilidade).

168) Assinale a alternativa que indica apenas estilos de interação com o usuário em um projeto de interface:
(A) Linguagem de comandos, linguagem natural e Seleção de Menu; (B) Navegação, Linguagem de Consulta, Interfaces Gráficas; (C) Internet, Computação Móvel, Processamento em "batch"; (D) Voz, Imagem, Texto; (E) Mouse, Touch Screen, Teclado.   (POSCOMP/2009)

Comentários: a alternativa correta é a A. Os estilos de interação são os listados no item A, e mais: manipulação direta.

1.15 GERÊNCIA DE PROJETOS DE SOFTWARE

169) A análise de pontos de função é um método padrão para medir o desenvolvimento de software do ponto de vista do usuário, pela quantificação da funcionalidade a eles fornecida.
Com base nos valores de domínio de informação, as seguintes contagens são utilizadas para determinação dos pontos de função:
(A) Linhas de código (KLOC – milhares de linhas de código); (B) Número de entradas externas e número de arquivos lógicos internos; (C) Número de casos de uso; (D) Número de *scripts* de cenário e número de classes de apoio.

Comentários: a alternativa correta é a B. As outras contagens do método de análise de pontos de função são as seguintes: número de saídas externas, número de consultas externas e número de arquivos de interface externa (PRESSMAN, 2006).

170) O modelo de estimativa de custo de software muito usado na indústria e proposto por Barry Boehm é o modelo
(A) espiral; (B) COCOMO; (C) W^{5}HH; (D) LOC.

Comentários: a alternativa correta é a B (COCOMO – Constructive Cost Model – Modelo de Custo Construtivo). A alternativa A (espiral) é o modelo de processo de software criado por Boehm; não é modelo de estimativa de custo de software. A alternativa C (W^{5}HH) refere-se às sete questões propostas por Boehm para *identificar completamente um projeto de software: what (o que)? who (quem)? where (onde)? when (quando)? why (por que)? how (como)? how much (quanto)? A alternativa D (LOC – Line of code – linha de código) é um dos parâmetros de estimativa utilizados; outro parâmetro muito utilizado é o FP (funcional point – ponto de função) (PRESSMAN, 2006).*

171) A abordagem proposta por Barry Boehm com foco nos objetivos do projeto, seus marcos e cronogramas, responsabilidades, abordagens gerenciais e técnicas, e recursos necessários é o:
(A) Modelo COCOMO; (B) Princípio W⁵HH; (C) Princípio de Pareto; (D) Modelo espiral.
Comentários: a alternativa correta é a B. Veja a questão anterior. O Princípio de Pareto estabelece a relação 80/20: 80% das consequências advêm de 20% das causas. Para a área de desenvolvimento de sistemas, pode-se estabelecer: os usuários passam 80% do tempo usando 20% das funcionalidades. Por isso, estas funcionalidades devem receber atenção redobrada do analista. Outra aplicação: 80% do tempo de execução de um programa é gasto com 20% das instruções (estas deveriam ser analisadas se a intenção é otimizar o programa).

172) O paradigma organizacional para equipes de engenharia de software sugerido por Larry Constantine, que estrutura uma equipe fracamente e depende da iniciativa individual dos seus membros, indicada em situações em que inovação ou avanço tecnológico são exigidos, é o paradigma:
(A) Fechado; (B) Aberto; (C) Aleatório; (D) Síncrono; (E) Abrangente.
Comentários: a alternativa correta é a C. Segundo Constantine, o paradigma fechado (alternativa A) corresponde à hierarquia tradicional de organização de uma equipe, em que há um chefe. O paradigma aberto (alternativa B) corres- ponde a uma tentativa de meio termo entre o paradigma fechado o aleatório. O paradigma síncrono (alternativa D) reconhece que um problema pode ser decomposto em componentes, possibilitando que estes sejam desenvolvidos por membros, sem grande comunicação entre eles. (PRESSMAN, 2006).

173) Dentre os paradigmas organizacionais para equipes de Engenharia de Software propostos por Larry Constantine, aquele que se apoia na compartimentalização natural de um problema e que organiza os mem- bros da equipe para trabalhar em partes desse problema, com pouca comunicação ativa entre eles é o paradigma:
(A) fechado; (B) aleatório; (C) aberto; (D) síncrono.
Comentários: a alternativa correta é a D (paradigma síncrono). O paradigma fechado (alternativa A) é aquele que estrutura uma equipe em uma hierarquia tradicional de autoridade; funciona quando o software a ser produzido é

semelhante a outros já desenvolvidos, mas não tem espaço para soluções inovadoras. O paradigma aleatório (alternativa B) é aquele que estrutura uma equipe fracamente e depende da iniciativa individual de seus membros; funciona bem quando é necessário inovação e avanço tecnológico. O paradigma aberto (alternativa C) é aquele que tenta estruturar uma equipe com alguns controles do paradigma fechado, mas também com espaço para a inovação do paradigma aleatório; é realizado trabalho colaborativo, com intensa comunicação e com tomadas de decisão por consenso (característica do paradigma aleatório); este paradigma é adequado para a solução de problemas complexos, mas o desempenho pode ser inferior ao de outros paradigmas (PRESSMAN, 2006).

174) Os pontos de função em um software são calculados estimando-se as seguintes características do software:
(A) Entradas e saídas externas, interações com usuários, interfaces externas, e arquivos utilizados pelo sistema; (B) Tamanho do código, entradas e saídas externas, interfaces externas, e produtividade do sistema; (C) Complexidade do produto, experiência pessoal, prazo, número de pessoas envolvidas, e confiabilidade; (D) Tamanho do código, produtividade do sistema, experiência pessoal, prazo, e arquivos utilizados pelo sistema; (E) Volatilidade da plataforma de desenvolvimento, entradas e saídas externas, número de pessoas envolvidas, interações com usuários, e confiabilidade. (POSCOMP/2006)
Comentários: a alternativa correta é a A. A abordagem ponto de função é muito utilizada para estimativa de recursos porque, dentre outras razões, é baseada em características identificadas na fase de requisitos e é independente de linguagem de programação.

175) Identifique a alternativa que contém métodos padrão de medição de tamanho funcional de software:
(A) PRINCE2 e TOGAF; (B) PMI e ISO/IEC 2000; (C) ITIL v.3 e COBIT 4.1; (D) IFPUG CPM 4.1 e NESMA CPM 2.1.
Comentários: a alternativa correta é a D. Além dos métodos IFPUG COM 4.1 (ISO/IEC 20926) e NESMA COM 2.1 (ISO/IEC 24570), dois outros métodos de medição de tamanho funcional de software são: MARK II (ou MK II) COM 1.3.1 (ISO/IEC 20968) e COSMIC-FFP Measurement Manual 2.2 (ISO/IEC 19761). (VAZQUEZ, SIMÕES e ALBERT, 2003).

1.16 PMI – PROJECT MANAGEMENT INSTITUTE

176) A área de conhecimento do PMBOK à qual compete desenvolver o termo de abertura do projeto, desenvolver o plano de gerenciamento do projeto e encerrar o projeto é o gerenciamento:
(A) das Comunicações; (B) do Escopo do Projeto; (C) do Tempo do Projeto; (D) de Integração do Projeto.
Comentários: a alternativa correta é a D. O enunciado sugere esta alternativa, afinal o termo de abertura, a elaboração do plano e a finalização do projeto remetem ao gerenciamento de integração.

177) Entre as abordagens para identificação de riscos do projeto, aquela que consiste em consultar especialistas sobre riscos previsíveis dentro de um projeto, fase ou componente de um projeto, com o objetivo de chegar a um consenso sobre os riscos do projeto é:
(A) a Análise SWOT; (B) a Técnica Delphi; (C) o Diagrama de influência; (D) o Diagrama de causa e efeito.
Comentários: a alternativa correta é a B. A análise SWOT (alternativa A) é o processo que consiste no exame do projeto com base nas características que compõem o acrônimo: S (Strengths – forças); W (Weaknesses – fraquezas); O (Opportunities – oportunidades); T (Threats – ameaças). Pode-se memorizar mais facilmente o acrônimo formado com as iniciais das palavras em português: FOFA. A análise SWOT é a base para realizar o Planejamento Estratégico: as estratégias são extraídas de objetivos associados às forças, às fraquezas, às oportunidades e às ameaças a que estão sujeitas uma dada organização. O diagrama de influência (alternativa C) representa um problema de decisão, em que os elementos, as variáveis, as decisões e os objetivos são identificados e é mostrado como cada fator pode influenciar o outro. O diagrama de causa e efeito (alternativa D) é também chamado de diagrama de Ishikawa ou diagrama de espinha de peixe: ele é útil para analisar a causa-raiz de fatores que estão causando os riscos dentro do projeto, permitindo tratar a raiz do problema, e não o sintoma. (PHILLIPS, 2004).

178) Com base nos resultados da análise do valor obtido, torna-se necessária uma comunicação com gerência. A técnica que cria limites para o que seriam valores obtidos aceitáveis (quaisquer variâncias que ultrapassem esses limites exigiriam automaticamente uma comunicação com a gerência) é chamada de:
(A) Matriz de comunicações; (B) Análise de tendência; (C) Olho de boi; (D) Análise de Monte Carlo.
Comentários: a alternativa correta é a C. A matriz de comunicações (alternativa A) objetiva organizar as necessidades de comunicações do projeto, identificando

quem precisa de qual informação e quando; mostra todos os stakeholders (interessados) e onde a comunicação se origina e para quem se destina. A análise de tendência (alternativa B) é a técnica que, com base no desempenho passado do projeto, procura prever os resultados vindouros. A análise de Monte Carlo (alternativa D) é uma técnica normalmente realizada por programa de computador que simula prováveis datas finais para cada atividade do projeto (otimista, pessimista e mais provável). (PHILLIPS, 2004).

179) Considere um projeto cujo BAC (*Budget At Completion*) é R$ 150.000,00 e que 20% do trabalho está concluído ao custo de R$ 35.000,00. Com base nas fórmulas utilizadas para medição de desempenho de um projeto (EV = %COMP x BAC; CV = EV – AC; CPI = EV / AC; SPI = EV / VP), identifique a alternativa correta:
(A) Para o projeto em questão o EV (*Earned Value*) é R$ 25.000,00
(B) A variância de custo (CV – *Cost Variance*) é R$ 10.000,00
(C) O índice de desempenho de custo CPI (*Cost Performance Index*) = 0,85
(D) Com o PV (*Planned Value*) = R$ 30.000,00, o índice de desempenho (SPI – *Schedule Performance Index*) = 0,95.
Comentários: a alternativa correta é a C. Alternativa A: o EV (Earned Value – Valor Obtido) = 150000 x 0,20 = 30000. A variância de custo [CV] (alternativa B) = EV – AC; AC (Actual Cost – Custo Real) = 35000. Portanto, CV = 30000 – 35000 = -5000. Alternativa C: CPI = EV / AC= 30000/35000 = 0,85. Esta é a alternativa correta. Alternativa D: SPI = 30000/30000= 1 (falsa). (PHILLIPS, 2004).

180) Esta questão trata de tipos de estruturas organizacionais. Serão listados abaixo um pró e um contra de um dado tipo de estrutura organizacional.
PRÓ: o gerente de projetos possui pouca autoridade no projeto e atua como um coordenador do projeto.
CONTRA: o projeto é mais uma parte das operações do departamento funcional do que uma atividade separada. Os recursos da equipe do projeto podem ser divididos entre muitos projetos ao mesmo tempo.
O pró e o contra apresentados acima são próprios do tipo de estrutura organizacional:
(A) Funcional; (B) Matriz forte; (C) Matriz balanceada; (D) Matriz fraca.
Comentários: a alternativa correta é a D. Como sugerido pelo pró e contra enunciados, a estrutura organizacional é próxima da estrutura funcional. Portanto, a alternativa correta é a matriz fraca. A estrutura organizacional com maior autonomia do gerente de projeto (da maior para menor autonomia): projetizado, matriz fraca, matriz balanceada, matriz fraca e funcional (PHILLIPS, 2004).

181) O modelo de gerenciamento de projetos do PMI (*Project Management Institute*), descrito no PMBOK, envolve um conjunto de nove áreas de conhecimento a serem consideradas com vistas a melhorar o processo de gestão de um projeto, ampliando-se, consequentemente, suas chances de sucesso. Considere que, no desenvolvimento de um sistema de vendas de uma empresa que atua no segmento industrial, o orçamento inicial tenha sido extrapolado em 120% e que a equipe da área de sistemas tenha concluído o sistema com mais de quatro meses de atraso. Nas reuniões com os usuários para a entrega do sistema, foi constatado que este não atendia às especificações esperadas pelos usuários.

Nessa situação, evidenciam-se áreas de conhecimento que compõem a chamada tripla restrição, que são as áreas de gerenciamento de

(A) escopo, contratação e custo; (B) tempo, contratação e risco; (C) custo, tempo e escopo; (D) contratação, custo e tempo; (E) risco, tempo e escopo. (ENADE/2005)

Comentários: a alternativa correta é a C. O enunciado menciona nove áreas: atualizando: agora são dez áreas, com a inclusão de gestão de stakeholders (interessados). As outras áreas são: gestão de integração, gestão de escopo, gestão de tempo, gestão de custo, gestão de qualidade, gestão de recursos humanos, gestão de comunicações, gestão de risco, gestão de aquisições. Com relação à tripla restrição (custo, tempo e escopo): é pertinente, mas a qualidade esperada em um projeto impacta tempo e custo e, por isso, deve estar bem explicitada no escopo. (PHILLIPS, 2004).

182) Um gerente de projetos acabou de assumir um projeto em andamento, em que foram identificados vários problemas. Os recursos são limitados e, por isso, é necessário priorizar os problemas a serem solucionados. Nessa situação, a ferramenta que o gerente deve utilizar é: (A) o gráfico de controle; (B) o diagrama de Pareto; (C) o diagrama de dispersão; (D) a amostragem estatística; (E) o diagrama de causa e efeito. (ENADE/2014)

Comentários: a alternativa correta é a A. O gráfico de controle mostra o desempenho (observado nas inspeções realizadas) de um projeto ao longo do tempo. O diagrama de Pareto (alternativa B) é construído com base na lei de Pareto: "80% dos problemas advêm de 20% das dificuldades". É a chamada regra 80/20. O diagrama de Pareto é um histograma que classifica os problemas do maior para o menor. A equipe do projeto atua sobre os problemas maiores, até chegar aos menores. O diagrama de dispersão (alternativa C) representa duas ou mais variáveis, uma em função da outra. Como ferramenta de qualidade, este diagrama permite inferir uma relação causal entre variáveis, ajudando a determinar a causa raiz de problemas. A amostragem estatística (alternativa D) é o conjunto de procedimentos por meio dos quais se seleciona uma amostra de uma população. Existem vários métodos de amostragem: os mais comuns são aleatória, estratificada, sistemática. O diagrama de causa e efeito (alternativa E) foi definido no comentário da questão 177.

1.17 QUALIDADE DE SOFTWARE

183) O custo da qualidade de um software inclui todos os custos decorrentes da busca da qualidade ou da execução das atividades relacionadas à qualidade. Estes custos da qualidade podem ser divididos em custos associados com a prevenção, com a avaliação e com as falhas. Um item de custo de prevenção é a realização de:
(A) Tarefas de solução de queixas de clientes; (B) Manutenção de linha de suporte; (C) Revisões técnicas formais; (D) Providências de devolução e substituição do produto.
Comentários: a alternativa correta é a C. As tarefas de solução de queixas de clientes (alternativa A) constituem um item de custo de falha externa, da mesma forma que o contido na alternativa B (manutenção de linha de suporte) e na alternativa D (providências de devolução e substituição do produto). As revisões técnicas formais (alternativa C) constituem um item de custo de prevenção de falhas (PRESSMAN, 2006).

184) A métrica estática de produto de software que consiste em uma medida de extensão média das palavras e das sentenças em documentos é chamada de
(A) complexidade ciclomática; (B) índice de fog; (C) profundidade de aninhamento de declações condicionais; (D) extensão de código.
Comentários: a alternativa correta é a B. A alternativa A (complexidade ciclomática) é uma medida da complexidade de controle de um programa. A alternativa C (profundidade de aninhamento de declarações condicionais) é uma medida da profundidade de aninhamento de declarações IF em um programa. Quanto maior o nível de profundidade do aninhamento do IF mais difícil de entender o código e mais sujeito a erros. A alternativa D (extensão de código) é uma medida do tamanho de um programa. Quanto maior o tamanho de um componente, mais complexo e mais propenso a erros ele será (SOMMERVILLE, 2007).

185) Qualidade é uma das premissas básicas para se desenvolver software hoje em dia. Contudo, gerenciar a qualidade dentro do processo de software não é uma etapa trivial. Requer preparação, conhecimento técnico adequado e, sobretudo, comprometimento de todos os s*take-holders* envolvidos. A esse respeito, considere as seguintes afirmativas.

I. O MPS.br é uma iniciativa para Melhoria de Processo do Software Brasileiro. O MPS.br adequa-se à realidade das empresas brasileiras e está em conformidade com as normas ISO/IEC 12207. No entanto, não apresenta uma estratégia de compatibilidade com o CMMI - *Capability Maturity Model Integration*.
II. A rastreabilidade de requisitos de software proporciona uma melhor visibilidade para a gerência de qualidade do projeto.
III. Uma empresa de tecnologia certificada por meio de modelos como CMMI ou MPS.br oferece produtos de software também certificados.
IV. A padronização é um dos fundamentos básicos da gerência da qualidade. A padronização pode acontecer em diversos níveis: na documentação, no código e, principalmente, no processo.
Considerando a gerência da qualidade, assinale a alternativa CORRETA.
(A) Todas as afirmativas são verdadeiras; (B) Nenhuma das afirmativas é verdadeira; (C) Somente as afirmativas II e III são verdadeiras; (D) Somente as afirmativas II e IV são verdadeiras; (E) Somente as afirmativas I, II e III são verdadeiras. (POSCOMP/2007)
Comentários: a alternativa correta é a D. A afirmativa I é falsa, pois o MPS.br é compatível com o CMMI. A afirmativa II é verdadeira: a rastreabilidade de requisitos aponta componentes e artefatos que precisam ser ajustados caso algum requisito sofra modificações. A afirmativa III é falsa porque a certificação com CMMI ou MPS.br não significa que os produtos de software sejam certificados; estes modelos certificam o processo de software. A afirmativa IV é verdadeira.

186) A medida da interconexão entre os módulos de uma estrutura de software é denominada e que também é usada em projetos orientados a objetos é:
(A) coesão; (B) unidade funcional; (C) ocultamento da informação; (D) abstração procedimental; (E) acoplamento. (POSCOMP/2003)
Comentários: a alternativa correta é a E. A coesão (alternativa A) é a conexão entre as partes de um módulo para realizar a sua funcionalidade. A unidade funcional (alternativa B) é o princípio de projeto que estabelece que um módulo execute uma só funcionalidade. Ocultamento da informação (alternativa C) é um princípio de projeto que estabelece que a informação seja ocultada de quem não precisa acessá-la. Abstração procedimental (alternativa D) é também princípio de projeto – estabelece que um procedimento seja abstraído por meio de seu nome até que se tenha seu detalhamento.

2. ESTRUTURAS DE DADOS

2.1 PILHAS, FILAS, ÁRVORES

187) Sobre a estrutura de dados linear chamada <u>pilha</u>, pode-se afirmar que:
(A) obedece ao critério FIFO (*"First In First Out"*); (B) a retirada de elementos é feita somente pela base; (C) obedece ao critério LIFO (*"Last In First Out"*); (D) é uma estrutura de dados essencialmente estática, pois não pode crescer nem decrescer durante a execução de um programa.
Comentários: a alternativa correta é a C. A alternativa A – critério FIFO (o primeiro que entra é o primeiro que sai) refere-se à fila. A alternativa B menciona a retirada de elementos pela base: isto não é permitido; retirada só pode ser feito pelo topo da pilha. Sobre a alternativa D: a pilha é uma estrutura dinâmica.

188) O caminhamento pré-fixado para a árvore binária abaixo é:

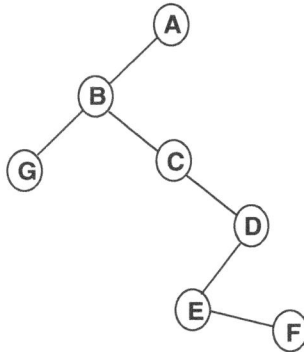

(A) A B G C D E F; (B) G B C E F D A; (C) G F E D C B A; (D) A G B D E C F.
Comentários: a alternativa correta é a A. O algoritmo do caminhamento pré-fixado é: 1) visita a raiz; 2) percorre a subárvore da esquerda; 3) percorre a subárvore da direita. Começando na raiz da árvore (nodo A) a execução do algoritmo, visita-se a raiz (A) e depois percorre-se a subárvore esquerda: chega-se ao nodo B: visita-se a raiz (passo 1) (B) e percorre-se a subárvore esquerda; chega-se ao nodo G: visita-se a raiz (G) e como não há subárvores, volta-se ao nodo B: como já foi visitado e percorrido à esquerda, executa-se o passo 3, percorrendo à subárvore direita: chega-se ao nodo C: visita-se a raiz (C) e percorre-se à esquerda: não há subárvore à esquerda, caminha-se à direita; chega-se ao nodo D: visita-se a raiz (D) e após caminha-se à esquerda: chega-se ao nodo E: visita-se a raiz (E); e

87

caminha-se à esquerda: não há subárvore à esquerda, caminha-se à direita; chega-se ao nodo F: visita-se a raiz (F) e como não há subárvores, volta-se ao nodo E: como já foi percorrido à direita, volta-se ao nodo D; como não há subárvore à direita, volta-se ao nodo C: como já foi percorrido à direita, volta-se ao nodo B: como já foi percorrido à direita, volta-se ao nodo A: como não não há subárvore à direita, o caminhamento é encerrado. O caminhamento é formado pela sequência de caracteres desde o início (aparecem sublinhados ao longo da descrição do caminhamento.

189) A estrutura de dados capaz de exprimir a relação de hierarquia existente entre os dados ou a relação de composição onde um conjunto de dados é subordinado a outro é a:
(A) árvore; (B) lista circular; (C) lista duplamente encadeada; (D) lista linear.
Comentários: a alternativa correta é a A. As estruturas referidas nas alternativas B, C e D não mantêm relação de hierarquia.

190) A sequência que contém os caminhamentos pré-fixado, central e pós-fixado, respectivamente, da árvore binária a seguir é
(A) DGEBHFCA, ABCDEFGH, ABDEGCFH; (B) DBGEAFHC, ABDEGCFH, DGEBHFCA; (C) ABDEGCFH, DBGEAFHC, DGEBHFCA. (D) ABCDEFGH, ABDEGCFH, DBGEAFHC.

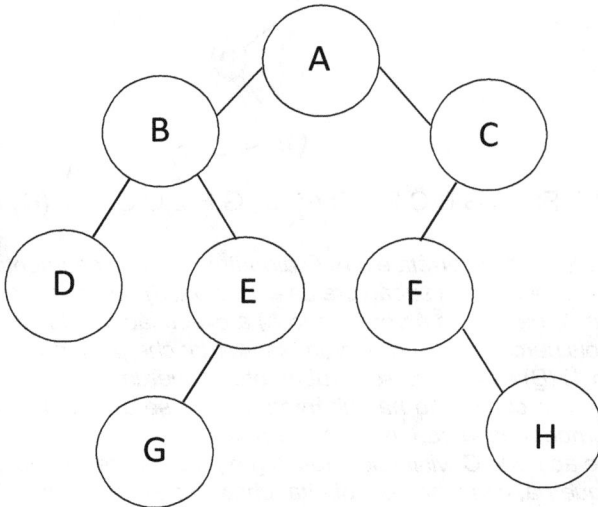

Comentários: a alternativa correta é a C. O algoritmo do caminhamento pré-fixado é: 1) visita a raiz; 2) percorre a subárvore da esquerda; 3) percorre a subárvore da direita. O algoritmo do caminhamento central é: 1) percorre a subárvore da esquerda; 2) visita a raiz; 3) percorre a subárvore da direita. O algoritmo do caminhamento pós-fixado é: 1) percorre a subárvore da esquerda; 2) percorre a subárvore da direita; 3) visita a raiz (VELOSO et als, 1986).

191) Considere as seguintes definições de ordens de percurso de uma árvore binária:

Ordem A:

se a árvore binária não for vazia, então:

{visitar a raiz;

percorrer a subárvore esquerda em Ordem B;

percorrer a subárvore direita em Ordem B;

}

Ordem B:

se a árvore binária não for vazia, então:

{visitar a raiz;

percorrer a subárvore direita em Ordem A;

percorrer a subárvore esquerda em Ordem A;

}

Considere a seguinte árvore binária: O percurso da árvore binária apresentada em

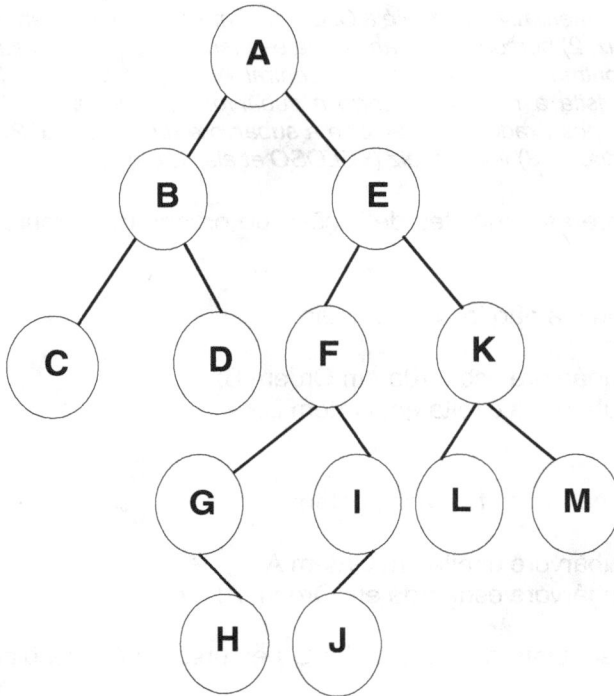

Ordem A resulta em qual sequência de visitas?
(A) A B D C E K L M F I J G H; (B) A B C D E F G H I J K L M;
(C) A B D C E K L M F G H I J; (D) A B E C D F K G I L M H J;
(E) A B D C E F I J G H K L M. (POSCOMP/2004)
Comentários: a alternativa correta é a C. A lógica dos comentários das questões 188 e 190 (e 193 e 194 adiante) pode ser aplicada aqui.

192) As estruturas de dados lineares (fila, pilha e lista) são muito utilizadas para resolver problemas computacionais. Cada uma dessas estruturas pode ser implementada com diferentes características e atendem a diferentes tipos de problemas.

Sobre as características dessas estruturas de dados, atribua V (verdadeiro) ou F (falso) para as afirmativas a seguir.

( ) Em uma pilha, o último elemento a entrar é o primeiro a sair.
( ) Em uma fila, o primeiro elemento a entrar é o último a sair.
( ) Uma lista permite que as inserções possam ser feitas em qualquer lugar (posição), mas as remoções, não.

( ) Em uma lista circular com encadeamento simples, o primeiro elemento aponta para o segundo e para o último.
( ) Para remover um elemento de uma lista duplamente encadeada, deve-se alterar o encadeamento dos elementos anterior e próximo ao elemento removido.
Assinale a alternativa que contém, de cima para baixo, a sequência correta.
(A) V, F, V, F, V; (B) V, F, F, V, F; (C) V, F, F, F, V; (D) F, V, V, F, F; (E) F, F, V, V, V. (POSCOMP/2011)
Comentários: a alternativa correta é a C. A primeira afirmativa é verdadeira: na pilha vale o critério LIFO, como visto. A segunda afirmativa é falsa: na fila, na verdade, o primeiro a entrar é o primeiro a sair. A terceira afirmativa é falsa: numa lista, na verdade, as inserções e as remoções podem ser feitas em qualquer lugar. A terceira afirmativa é falsa: se o encadeamento é simples na lista circular, não é possível que o primeiro elemento aponte para o segundo e para o último elemento; afinal, há um só ponteiro. Na verdade, o apontador do último aponta para o primeiro elemento. A última afirmativa é verdadeira.

193) Percorrendo a árvore binária a seguir em pré-ordem, obtemos que sequência de caracteres?

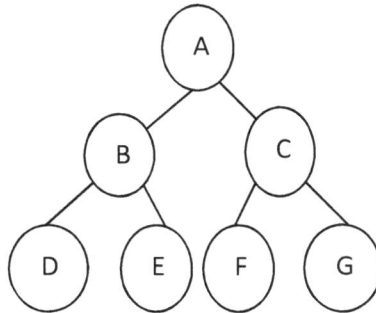

(A) A C G F B E D; (B) G C F A E B D; (C) A B C D E F G; (D) D B E A F C G; (E) A B D E C F G. (POSCOMP/2009)
Comentários: a alternativa correta é a E. O algoritmo do caminhamento pré-ordem ou pré-fixado é: 1) visita a raiz; 2) percorre a subárvore da esquerda; 3) percorre a subárvore da direita. Seguindo este algoritmo, começando no nodo A, visita-se este nodo (passo 1)(A) e percorre-se a subárvore esquerda; alcança-se assim o nodo B; executa-se o algoritmo, visitando a raiz (nodo B) e vai-se ao passo 2: percorrer a subárvore esquerda; alcança-se o nodo D: visita-se este nodo (passo 1) (D) e percorre-se a subárvore esquerda: não há subárvore à esquerda; vai-se

ao passo 3: percorrer a subárvore direita: não há subárvore direita; então volta-se ao nodo B: como já foi percorrido à esquerda (passo 2), percorre-se à esquerda: alcança-se o nodo E: visita-se a raiz (E); não há subárvore à esquerda nem à direita, então volta-se ao nodo B: como ele já foi percorrido visitado, percorrido à esquerda e à direita, volta-se ao nodo A. Como este nodo já foi visitado (passo 1) e percorrido à esquerda (passo 2), executa-se então o passo 3 (percorrer a subárvore à direita): alcança-se o nodo C; visita-se a raiz (C), percorre-se à esquerda: alcança-se o nodo F: visita-se a raiz (F); como não há subárvore à esquerda e à direita, volta-se ao nodo C: já foi visitado e percorrido à esquerda, executa-se então o passo 3: percorrer a subárvore à direita: alcança-se o nodo G: visita-se a raiz (G); como não há subárvore à esquerda e à direita, volta-se ao nodo C, que já foi visitado e percorrido à esquerda e à direita, volta-se ao nodo A: como ele já foi visitado e percorrido à esquerda e à direita, o caminhamento é encerrado. O caminhamento pedido pode ser formado com a sequência dos nodos, a partir do início dos comentários: os nodos visitados encontram-se sublinhados na descrição do caminho.

194) O caminhamento pós-fixado da árvore binária abaixo produz a sequência:

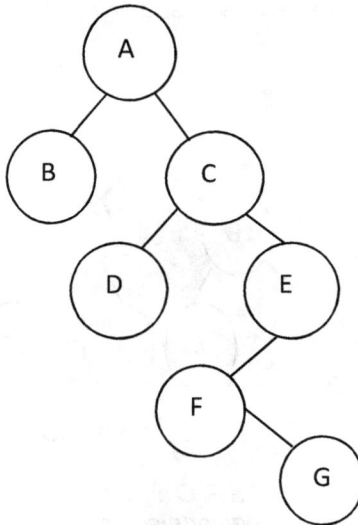

(A) ABCDEFG; (B) BADCFGE; (C) ABCDEFG; (D) BDGFECA.
Comentários: a alternativa correta é a D. O algoritmo do caminhamento pós-fixado é: 1) percorre a subárvore da esquerda; 2) percorre a subárvore da direita; 3) visita a raiz.

195) Considere as seguintes estruturas de dados:
(I) Tabela *hash*; (II) Fila; (III) Árvore de pesquisa; (IV) Pilha
Qual ou quais das estruturas acima requer mais do que tempo médio constante para inserção de um elemento?
(A) Somente (I); (B) Somente (II); (C) Somente (III); (D) Somente (IV); (E) Todas. (POSCOMP/2004)
Comentários: a alternativa correta é a C. A eficiência da pesquisa na Tabela hash depende da função de cálculo de endereço. A função ideal seria aquela que gerasse um endereço diferente (entre 1 e n) para cada um dos n diferentes valores da chave presentes na tabela. A tabela hash, a fila e a pilha não requerem mais do que tempo médio constante para inserção de um elemento.

196) Ao usar o cálculo de endereço ou hashing, geralmente é necessário o uso de um método de tratamento de colisões.
Sobre esse método, é correto afirmar:
(A) O tratamento de colisões é necessário apenas quando a tabela está cheia e se necessita inserir mais uma chave.
(B) O tratamento de colisões é necessário para determinar o local da chave no momento da inserção na tabela.
(C) O tratamento de colisões é necessário quando a tabela está vazia, pois não é possível calcular o endereço diretamente nesse caso.
(D) O tratamento de colisões é necessário quando a chave inserida ainda não existir na tabela de endereçamento.
(E) O tratamento de colisões é necessário, pois o hashing gera repetição de endereço para diferentes chaves. (POSCOMP/2011)
Comentários: a alternativa correta é a E. Veja o comentário da questão 195.

2.2 PESQUISA DE DADOS

197) Considere o algoritmo de busca binária de um elemento em um conjunto com n elementos. A expressão que representa o número máximo de comparações para a localização de uma entrada ou para constatar que ela não está presente na tabela é:
(A) $(n+1)/2$; (B) $n \log_2 n$; (C) $(\log_2 n) + 1$; D) $n (n+1)/2$.
Comentários: a alternativa correta é a C. A pesquisa binária é aquela aplicada a tabelas ordenadas, armazenadas em dispositivo de acesso direto. A pesquisa é realizada da seguinte forma: é feita a comparação do argumento de pesquisa com a chave da entrada localizada no meio da tabela (entrada de ordem n div 2). Se o argumento for igual à chave da entrada, a pesquisa termina com sucesso. Se o argumento for maior, o processo é repetido para a metade superior da tabela e se

for menor, para a metade inferior. A cada comparação a área de pesquisa é reduzida à metade do número de elementos (VELOSO et als, 1986).

198) Considere o algoritmo de busca sequencial de um elemento em um conjunto com n elementos. A expressão que representa o tempo médio de execução desse algoritmo para uma busca bem-sucedida é:
(A) (n+1)/2; (B) n log$_2$ n; (C) (log$_2$ n) + 1; (D) n (n+1)/2.
Comentários: a alternativa correta é a A. Considerando que todas as entradas têm a mesma probabilidade de pesquisa, o número médio de comparações para encontrar uma entrada arbitrária é (n + 1)/2 (VELOSO et als, 1986).

199) Considere as seguintes afirmativas sobre o algoritmo de pesquisa binária:
I. a entrada deve estar ordenada
II. uma pesquisa com sucesso é feita em tempo logarítmico na média
III. uma pesquisa sem sucesso é feita em tempo logarítmico na média
IV. o pior caso de qualquer busca é logarítmico
As afirmativas corretas são:
(A) Somente I e II; (B) Somente I, II e III; (C) Somente II e III; (D) Somente III e IV; (E) Todas as afirmativas estão corretas.

(POSCOMP/2004)

Comentários: a alternativa correta é a E. Como o processo de pesquisa binária prevê o abandono de metade da tabela com um só teste feito, a parte de cima ou de baixo da tabela, ela precisa estar ordenada pela chave de consulta: observe-se que o primeiro elemento consultado é exatamente o elemento do meio da tabela; desta forma, como as entradas estão ordenadas, é possível abandonar uma das metades da tabela, concentrando-se a pesquisa na outra parte. E, assim, sucessivamente, até concluir que a entrada procurada inexiste ou que ela seja encontrada.

200) Analise a lógica do algoritmo da rotina abaixo.
        Algoritmo:
            Entrada: X, N (inteiro),
                    A (lista de inteiro).
            Saída: Local (inteiro).
            Resultado (X,N,A,Local);
            1   Inicio ← 1;
            2   Fim ← N;
            3   Achou ← FALSE;
            4   Local ← 0;
            5   repita até que Achou ou (Fim < Inicio);

```
5      k ← (Inicio + Fim) / 2;
6      se X = A[k]
7           então
8              Achou ← TRUE
9                   senão
10                         se X < A[K]
11                           então
12                           Fim ← K – 1
13                           senão
14                           Inicio ← K + 1
15                           fimse
16       fimse
17     fim
18     se Achou = TRUE
19                    então
20                        Local ← K
21     fimse
```

Sobre a lógica do algoritmo, podemos afirmar:

I - Ordena um array de n elementos por meio da técnica QUICK SORT.

II - Verifica se um número X ocorre numa lista ordenada de números, determinando uma localização de sua ocorrência.

III - A complexidade desse algoritmo é de ordem quadrática $O(n^2)$.

IV - A complexidade desse algoritmo é da ordem de $O(\log_2 n)$.

Está(ão) correta(s) a(s) afirmativa(s):

(A) II; (B) I e III; (C) I e IV; (D) II e III; (E) II e IV.

Comentários: a alternativa correta é a E. O algoritmo implementa uma pesquisa binária na lista de números. Esta pesquisa consiste na comparação do argumento de pesquisa com a chave daquela entrada localizada no meio da tabela. Se o argumento for igual à chave da entrada, a pesquisa termina com sucesso. Se o argumento for maior, o processo é repetido para a metade superior da tabela e, se for menor, para a metade inferior. (VELOSO et als, 1986).

2.3 MÉTODOS DE CLASSIFICAÇÃO

201) O número total de comparações feitas para a classificação de um vetor de n elementos pelo método de seleção direta é

(A) n – 1; (B) n. log2n; (C) n2 / 2; (D) (n2 – n) / 2.

Comentários: a alternativa correta é a D. No método de seleção direta, a classificação de um vetor de n elementos é feita pela execução de (n – 1) passos sucessivos, sendo em cada passo determinado o de menor valor dentre os elementos ainda não selecionados. No primeiro passo, o número de compa-

rações feitas é n – 1 para determinar o menor valor; no segundo passo, é n – 2, e assim sucessivamente, até que no último passo é efetuada apenas uma comparação. O número total de comparações é:

$$NC = (n - 1)+(n - 2)+ (n - 3)+ ...+ 2 + 1 = \frac{(n-1)+1}{2} \cdot (n - 1) = \frac{n.(n-1)}{2} = \frac{n2-n}{2}.$$

(VELOSO et als, 1986).

202) Com relação aos métodos de ordenação, relacione a coluna da esquerda com a coluna da direita.

(I) Inserção	(A) Encontra o menor elemento e o troca com a primeira posição, depois o segundo menor com a segunda posição e assim sucessivamente (n-1 vezes).
(II) Seleção	(B) As comparações e trocas são feitas baseadas em uma distância determinada (por exemplo: distância 4, onde o primeiro seria comparado com o quinto elemento, o segundo com o sexto, e assim sucessivamente), depois a distância é reduzida. Este processo se repete até que a distância seja 1 e as últimas comparações e trocas sejam efetuadas.
(III) QuickSort	(C) A partir do segundo elemento, este deve ser colocado na sua posição correspondente (entre os elementos já analisados, como ao se organizarem as cartas de baralho na mão do jogador). Repete-se o procedimento até o último elemento.
(IV) ShellSort	(D) Escolhe-se um ponto de referência (pivô) e separam-se os elementos em 2 partes: à esquerda, ficam os elementos menores que o pivô, e à direita, os maiores. Repete-se este processo para os grupos de elementos formados (esquerda e direita) até que todos os elementos estejam ordenados.
(V) MergeSort (ou Ordenação por fusão)	(E) Divide-se o grupo de elementos ao meio, repete-se a divisão para cada um dos subgrupos, até que cada subgrupo tenha apenas 1 elemento. Nesse ponto, faz-se o reagrupamento dos subgrupos comparando os elementos e trocando, se necessário, para que eles fiquem ordenados. Repete-se este procedimento até restar um só grupo de elementos.

Assinale a alternativa que contém a associação correta.
(A) I-A, II-D, III-B, IV-C, V-E; (B) I-B, II-A, III-C, IV-E, V-D; (C) I-B, II-A, III-E, IV-D, V-C. (D) I-C, II-A, III-D, IV-B, V-E; (E) I-D, II-E, III-B, IV-A, V-C.
(POSCOMP/2011)
Comentários: a alternativa correta é a D. Há grande variedade de métodos de classificação interna: por inserção, por troca, por seleção, por distribuição, por intercalação. Por sua vez, cada um destes métodos apresenta suas variações. Foge ao escopo do livro este detalhamento.

3. BANCO DE DADOS

203) O driver JDBC que converte as chamadas JDBC diretamente no protocolo do banco de dados utilizado, normalmente independe de plataforma e é escrito pelos próprios desenvolvedores é
(A) o driver nativo; (B) o driver API-nativo; (C) o driver de protocolo de rede; (D) a ponte JDBC-ODBC.
Comentários: a alternativa correta é a A. A alternativa B (driver API-nativo) é o driver que traduz as chamadas JDBC para as chamadas da API cliente do banco de dados usado (Oracle, Sybase, Informix, DB2, ou outro SGBD). A alternativa C (driver de protocolo de rede) é o driver que traduz a chamada JDBC para um protocolo de rede independente do banco de dados utilizado, que é traduzido para o protocolo do banco de dados por um servidor. Por utilizar um protocolo independente, pode conectar as aplicações Java a vários banco de dados diferente; é o modelo mais flexível. A alternativa D (ponte JDBC-ODBC) é o driver mais simples, mas é restrito à plataforma Windows. Utiliza ODBC para conectar-se com o banco de dados, convertendo métodos JDBC em chamadas às funções do ODBC. Esta ponte é normalmente usada quando não há um driver puro-java para determinado banco de dados, pois seu uso é desencorajado devido à dependência de plataforma (CAMATTA et als.).

204) Um sistema de computador organiza os dados em uma hierarquia que inicia com os bits e avança para os bytes, chegando até os bancos de dados. O nome do agrupamento lógico de campos relacionados é
(A) registro; (B) arquivo; (C) banco de dados; (D) atributo.
Comentários: a alternativa correta é a A. Arquivo (alternativa B) é o agrupamento lógico de registros relacionados. O banco de dados (alternativa C) é o agrupamento lógico de arquivos relacionados. O atributo (alternativa D) é cada característica ou qualidade que descreve uma entidade específica. (TURBAN et als, 2005).

205) Considere um banco de dados com as seguintes tabelas e campos:
    ALUNOS (nome-aluno, código-aluno, cidade, código-curso)
    CURSOS (nome-curso, código-curso, carga-horária)
Assinale a alternativa que apresenta a forma mais otimizada de realizar a consulta "encontrar o nome dos alunos que pertencem ao curso Computação" (operações em ordem de execução):
(A) Junção de cursos com alunos, seleção de linhas em que nome-curso = "Computação", projeção do resultado sobre nome-aluno; (B) Junção de cursos com alunos, projeção do resultado sobre nome-aluno, seleção de linhas em que nome-curso = "Computação"; (C) Seleção de linhas em cursos em que nome-curso = "Computação", projeção do resultado sobre código-curso, junção com alunos, projeção do resultado sobre nome-aluno; (D) Seleção de linhas em cursos em que nome-curso = "Computação", junção com alunos, projeção do resultado sobre nome-aluno; (E) Seleção de linhas em cursos em que nome-curso = "Computação", projeção do resultado sobre nome-aluno. (POSCOMP/2007)
Comentários: a alternativa correta é a C.

206) Considere as seguintes tabelas em uma base de dados relacional, contendo informações sobre empregados, departamentos e a vinculação entre eles:
    Departamento (CodDepto, NomeDepto)
    Empregado (CodEmp, NomeEmp, CodDepto)
Deseja-se obter os nomes dos departamentos (NomeDepto) que não estão vinculados a nenhum Empregado. Para obter este resultado a consulta correta em SQL/2 é a seguinte:
(A) SELECT NomeDepto
FROM Departamento D, Empregado E
WHERE D.CodDepto=E.CodDepto AND
E.CodEmp IS NULL
(B) SELECT NomeDepto
FROM Departamento D
WHERE EXISTS
(SELECT *
FROM Empregado E
WHERE CodDepto=D.CodDepto)
(C) (SELECT NomeDepto
FROM Departamento D)
EXCEPT

(SELECT NomeDepto
FROM Departamento D, Empregado E
WHERE D.CodDepto=E.CodDepto)
(D) SELECT NomeDepto
FROM Departamento D, Empregado E
WHERE D.CodDepto<>E.CodDepto
(E) SELECT NomeDepto
FROM Departamento D
WHERE CodDepto IN
(SELECT CodDepto
FROM Empregado E).   (POSCOMP/2004)
Comentários: a alternativa correta é a C.

207) Na álgebra relacional, a operação de junção interna entre duas tabelas A e B e com critério de junção C tem a função de:
(A) Concatenar cada linha da tabela A com cada linha da tabela B sempre que o critério de junção C for verdadeiro. Linhas de A e B para as quais o critério de junção não é verdadeiro não aparecem no resultado.
(B) Concatenar cada linha da tabela A com cada linha da tabela B sempre que o critério de junção C for verdadeiro. Caso para uma linha de A não exista nenhuma linha em B que torne o critério verdadeiro, a linha de A aparece no resultado concatenada com campos vazios (NULL).
(C) Concatenar cada linha da tabela A com cada linha da tabela B sempre que o critério de junção C for verdadeiro. Caso para uma linha de B não exista nenhuma linha em A que torne o critério verdadeiro, a linha de A aparece no resultado concatenada com campos vazios (NULL).
(D) Concatenar cada linha da tabela A com cada linha da tabela B.
(E) Concatenar a tabela A com a tabela B, isto é, formar uma tabela formada por linhas que aparecem em A ou B.   (POSCOMP/2004)
Comentários: a alternativa correta é a A.

208) Considere as seguintes tabelas em uma base de dados relacional, contendo informações sobre empregados, departamentos e a vinculação entre eles:
        Departamento (CodDepto, NomeDepto)
        Empregado (CodEmp, NomeEmp, CodDepto, SalarioEmp)
Considere a seguinte consulta sobre esta base de dados:
SELECT D.CodDepto, AVG(SalarioEmp)
FROM Departamento D,
Empregado E

WHERE E.CodDepto=D.CodDepto AND
E.SalarioEmp > 300
GROUP BY D.CodDepto
HAVING COUNT(*) > 20
Esta consulta SQL tem o seguinte resultado:
(A) Para departamentos com mais que 20 empregados que tenham salário maior que 300, obter o código do departamento e a média salarial dos empregados do departamento.
(B) Para departamentos que têm mais que 20 empregados, nos quais todos empregados têm salário maior que 300, obter o código do departamento e a média salarial dos empregados que ganham mais que 300.
(C) Para departamentos que têm mais que 20 empregados, nos quais todos empregados têm salário maior que 300, obter o código do departamento e a média salarial dos empregados do departamento.
(D) Para departamentos que têm mais que 20 empregados, obter o código do departamento e a média salarial dos empregados que ganham mais que 300.
(E) Para departamentos com mais que 20 empregados que tenham salário maior que 300, obter o código do departamento e a média salarial dos empregados do departamento que ganham mais que 300.

(POSCOMP/2004)

Comentários: a alternativa correta é a E.

209) Transações em SGBD relacionais normalmente preenchem os requisitos ACID (atomicidade, consistência, isolamento e durabilidade). Considere as seguintes afirmações:
I) *Isolamento* significa que o efeito das operações de alteração efetuadas por uma transação T não são vistas por outras transações, até que a transação T encerre.
II) *Isolamento* significa que os dados protegidos para alteração por uma transação não podem ser protegidos para alteração por outra transação.
III) *Durabilidade* significa que o efeito de uma operação (INSERT, DELETE ou UPDATE) sobre a base de dados não pode ser desfeito.
IV) *Durabilidade* significa que o efeito das operações de alteração executadas por uma
transação não pode ser desfeito, após do final bem sucedido (COMMIT) da transação.
Quanto a estas afirmativas vale que:
(A) Somente as afirmativas I) e III) são corretas; (B) Somente as afirmativas I) e IV) são corretas; (C) Somente as afirmativas II) e III) são

corretas; (D) Somente as afirmativas II) e IV) são corretas; (E) Somente a afirmativa I) é correta. (POSCOMP/2004)
Comentários: a alternativa correta é a D.

210) Considere as seguintes tabelas em uma base de dados relacional:
    Departamento (CodDepto, NomeDepto)
    Empregado (CodEmp, NomeEmp, CodDepto)
Deseja-se obter uma tabela na qual cada linha é a concatenação de uma linha da tabela Departamento com uma linha da tabela de Empregado. Caso um departamento não possua empregados, seu linha no resultado deve conter vazio (NULL) nos campos referentes ao empregado. A operação de álgebra relacional que deve ser aplicada para combinar estas duas tabelas é:
(A) Divisão; (B) Junção interna; (C) Junção externa; (D) União; (E) Proje-
ção. (POSCOMP/2003)
Comentários: a alternativa correta é a C.

211) Considere as seguintes tabelas em uma base de dados relacional (chaves primárias sublinhadas):
    Departamento (CodDepto, NomeDepto)
    Empregado (CodEmp, NomeEmp, CodDepto)
Considere as seguintes restrições de integridade sobre esta base de dados relacional:
– Empregado.CodDepto é sempre diferente de NULL
– Empregado.CodDepto é chave estrangeira da tabela Departamento com cláusulas ON DELETE RESTRICT e ON UPDATE RESTRICT
Qual das seguintes validações não é especificada por estas restrições de integridade:
(A) Sempre que uma nova linha for inserida em Empregado, deve ser garantido que o valor de Empregado.CodDepto aparece na coluna Departamento.CodDepto.
(B) Sempre que uma linha for excluída de Departamento, deve ser garantido que o valor de Departamento.CodDepto não aparece na coluna Empregado.CodDepto.
(C) Sempre que o valor de Empregado.CodDepto for alterado, deve ser garantido que o novo valor de Empregado.CodDepto aparece em Depar-tamento.CodDepto.
(D) Sempre que o valor de Departamento.CodDepto for alterado, deve ser garantido que não há uma linha com o antigo valor de Departa-mento.CodDepto na coluna Empregado.CodDepto

(E) Sempre que uma nova linha for inserida em Departamento, deve ser garantido que o valor de Departamento. CodDepto aparece na coluna Empregado.CodDepto. (POSCOMP/2003)
Comentários: a alternativa correta é a E.

212) Considere a seguinte tabela em uma base de dados relacional (chave primária sublinhada):
Tabela1(CodAluno,CodDisciplina,AnoSemestre, NomeAluno, NomeDisciplina,
CodNota, DescricaoNota)
Considere as seguintes dependências funcionais:
CodAluno→NomeAluno
CodDisciplina→NomeDisciplina
(CodAluno,CodDisciplina,AnoSemestre)→CodNota
(CodAluno,CodDisciplina,AnoSemestre)→DescricaoNota
CodNota→DescricaoNota
Considerando as formas normais, qual das afirmativas abaixo se aplica:
(A) A tabela encontra-se na primeira forma normal, mas não na segunda forma normal.
(B) A tabela encontra-se na segunda forma normal, mas não na terceira forma normal.
(C) A tabela encontra-se na terceira forma normal, mas não na quarta forma normal.
(D) A tabela não está na primeira forma normal.
(E) A tabela está na quarta forma normal. (POSCOMP/2003)
Comentários: a alternativa correta é a A.

213) Considere as seguintes tabelas em uma base de dados relacional:
    Departamento (CodDepto, NomeDepto)
    Empregado (CodEmp, NomeEmp, CodDepto,Salario)
Considere a seguinte consulta escrita em SQL:
SELECT D.CodDepto,NomeDepto,SUM(E.Salario)
FROM Departamento D, Empregado E
WHERE D.CodDepto=E.CodDepto
GROUP BY D.CodDepto,NomeDepto
HAVING COUNT(*)>2 AND AVG(E.Salario)>40
A consulta acima obtém o seguinte resultado:
(A) Para cada empregado que tem mais que dois departamentos, ambos com média salarial maior que 40, obter o código de departamento, se-

guido do nome do departamento, seguido da soma dos salários dos empregados do departamento.

(B) Para cada departamento que tem mais que dois empregados e cuja média salarial é maior que 40, obter o código de departamento, seguido do nome do departamento, seguido da soma dos salários dos empregados do departamento.

(C) Para cada departamento que tem mais que dois empregados e cuja média salarial, considerando todos empregados do departamento, exceto os dois primeiros, é maior que 40, obter o código de departamento, seguido do nome do departamento, seguido da soma dos salários dos empregados do departamento.

(D) A consulta não retorna nada pois está incorreta.

(E) Para cada departamento que tem mais que dois empregados e cuja média salarial é maior que 40 obter um grupo de linhas que contém, para cada empregado do departamento, o código de seu departamento, seguido do nome de seu departamento, seguido da soma dos salários dos empregados do departamento. (POSCOMP/2003)

Comentários: a alternativa correta é a B.

214) Considere a seguinte tabela para uma base de dados relacional:

Empregado (CodEmp, NomeEmp, CodDepto)

Considere que esta tabela tem um índice na forma de uma árvore B sobre as colunas (CodEmp,CodDepto), nesta ordem.

Quanto a este índice, considere as seguintes afirmativas:

1) Este índice pode ser usado pelo SGBD relacional para acelerar uma consulta na qual são fornecidos os valores de CodEmp e CodDepto.

2) Este índice pode ser usado pelo SGBD relacional para acelerar uma consulta na qual é fornecido um valor de CodEmp.

3) Este índice não é adequado para ser usado pelo SGBD relacional para acelerar uma consulta na qual é fornecido um valor de CodDepto.

4) O algoritmo que faz inserções e remoções de entradas do índice tem por objetivo garantir que o índice fique organizado de tal forma que o acesso a cada nodo da árvore implique em número de acessos semelhantes.

5) O índice por árvore-B não é adequado para tabelas que sofrem grande número de inclusões e exclusões, pois exige reorganizações frequentes.

Quanto a estas afirmativas, pode-se dizer que:

(A) Nenhuma das afirmativas está correta; (B) Apenas as afirmativas 1), 2), 3) e 4) estão corretas; (C) Todas afirmativas estão corretas; (D) Ape-

nas as afirmativas 1), 2) e 4) estão corretas; (E) Apenas as afirmativas 1), 2) e 5) estão corretas. (POSCOMP/2003)
Comentários: a alternativa correta é a B.
215) Considere a relação a seguir, definida na linguagem SQL padrão.

```
CREATE TABLE EMPREGADO
( CODIGO NUMBER(4) PRIMARY KEY,
NOME VARCHAR2(10),
SALARIO NUMBER(7,2)
)
```

Considere também as consultas (C1, C2, C3 e C4) a seguir, expressas na linguagem SQL.
C1:

```
select NOME from EMPREGADO
where CODIGO in ((select CODIGO from EMPREGADO)
minus
(select E1.CODIGO from EMPREGADO E1, EMPREGADO E2
where E1.SALARIO < E2.SALARIO)
)
```

Obs: o operador minus realiza a operação de subtração entre relações.
C2:

```
select NOME from EMPREGADO
where SALARIO = (select max(SALARIO) from EMPREGADO)
```

C3:

```
Select NOME from EMPREGADO
where SALARIO >= all (select SALARIO from EMPREGADO)
```

C4:

```
select NOME from EMPREGADO
where CODIGO in ( select E1.CODIGO from EMPREGADO E1,
EMPREGADO E2
where E1.SALARIO > E2.SALARIO
)
```

Com relação às consultas, assinale a alternativa correta.
(A) Apenas as consultas C2 e C3 são equivalentes; (B) Todas as consultas são equivalentes; (C) Apenas as consultas C1 e C3 são equivalentes; (D) Apenas as consultas C1 e C4 são equivalentes; (E) Apenas as consultas C1, C2 e C3 são equivalentes. (POSCOMP/2011)
Comentários: a alternativa correta é a E.

216) Associe as sequências de comandos SQL com as correspondestes solicitações relacionadas.

Comandos SQL:

(1) SELECT Sobrenome, Nome, Título, Salário FROM Funcionários T1 WHERE Salário >= (SELECT AVG(Salário) FROM Funcionários WHERE Funcionários.Título = T1.Título) ORDER BY Título;

(2) SELECT * FROM Produtos WHERE ProdutoID IN (SELECT ProdutoID FROM PedidoDetalhes WHERE Desconto >= .25);

(3) SELECT Sobrenome, Nome, Título, Salário FROM Funcionários WHERE Título LIKE "*Repr Vendas*" AND Salário > ALL (SELECT Salário FROM Funcionários WHERE (Título LIKE "*Gerente*") OR (Título LIKE "*Diretor*"));

(4) SELECT * FROM Produtos WHERE PreçoUnit > ANY (SELECT PreçoUnit FROM PedidoDetalhes WHERE Desconto >= .25);

Solicitações:

(a) Todos os produtos cujo preço unitário é maior que o preço de qualquer produto vendido com um desconto de 25 por cento ou mais.

(b) Todos os produtos com um desconto de 25 por cento ou mais.

(c) Lista o nome, título e salário de todos os representantes de vendas cujos salários sejam superiores aos de todos os gerentes e diretores.

(d) Lista os funcionários cujo salário seja maior que a média dos salários de todos os funcionários.

A associação correta é:

(A) Só é possível associar [1-d e 2-b]; (B) [1-c; 2-a; 3-d; 4-b]; (C) [1-c; 2-b; 3-d; 4-a]; (D) [1-d; 2-a; 3-c; 4-b]; (E) [1-d; 2-b; 3-c; 4-a].

Comentários: a alternativa correta é a E.

3.1 NORMALIZAÇÃO DE RELAÇÕES

217) Para dizer-se que uma tabela está na quarta forma normal, é necessário que se garanta que esteja na terceira forma normal e

(A) que haja dependência funcional transitiva entre seus atributos.

(B) que seus atributos não dependam funcionalmente da totalidade da chave ou atributo determinante.

(C) que não apresente mais de um fato multivalor em relação a uma entidade descrita pela tabela.

(D) que todos os seus atributos tenham domínio multivalorado.

Comentários: a alternativa correta é a C. A alternativa A é parte da condição para que uma tabela esteja na terceira forma normal (a outra condição é que esteja na segunda forma normal). A alternativa B é parte da condição para que uma tabela esteja na segunda forma normal (a outra condição é que esteja na primeira forma normal). A alternativa D menciona domínio multivalorado: no caso, uma tabela está na primeira forma normal se NENHUM dos seus atributos tem domínio multivalorado. (KERN, 1994).

218) Dada a relação não normalizada abaixo:

EMPRÉSTIMO.

    - Matrícula do associado (mat-assoc)

    - Data do empréstimo (data-emprestimo)

    - Data de devolução prevista (data-dev-prevista)

    - Itens-emprestados (*)

        - Código do item (cod-item)

        - Descrição do item (desc-item)

        - Valor da diária (diária).

OBSERVAÇÃO: Entre parênteses aparece a forma abreviada como os itens são apresentados nas relações listadas nas alternativas abaixo. Os itens sublinhados correspondem à chave da relação.

Identifique a alternativa que contém a relação acima na 1ª. Forma Normal:

(A) EMPRÉSTIMO (mat-assoc, data-emprestimo, data-dev-prevista)
    EMPRÉSTIMO-ITENS (cod-item, desc-item, diaria).

(B) EMPRÉSTIMO (mat-assoc, data-emprestimo, data-dev-prevista, cod-item, desc-item, diaria).

(C) EMPRÉSTIMO (mat-assoc, data-emprestimo, data-dev-prevista)
    EMPRÉSTIMO-ITENS (mat-assoc, cod-item, desc-item, diaria).

(D) EMPRÉSTIMO (mat-assoc, data-emprestimo, data-dev-prevista)
    EMPRÉSTIMO-ITENS (mat-assoc, cód-item).

(E) EMPRÉSTIMO (mat-assoc, data-emprestimo, data-dev-prevista, cód-item).

Comentários: a alternativa correta é a C. A relação inicial apresenta uma estrutura repetitiva: isto implica em duas relações na 1FN, com a chave da relação inicial presente nas duas relações.

As questões de 219 a 221 referem-se à relação apresentada abaixo:
REQUISIÇÃO-DE-MATERIAL
- Número da requisição de material (no-req)
- Data da requisição de material (dt-req)
- Código do fornecedor (cod-fornec)
- Material requisitado (*)
- Código do material (cod-mat)
- Descrição do material (desc-mat)
- Preço unitário (preco-unit)
- Quantidade requisitada (quant).
OBSERVAÇÃO: Entre parênteses aparece a forma abreviada como os itens são apresentados nas relações. Os itens sublinhados correspondem à chave da relação.

219) Identificar a alternativa que contém a relação acima na 1ª. Forma Normal:
(A) REQUISIÇÃO-MATERIAL (no-req, dt-req, cod-fornec)
    MATERIAL-REQUISIÇÃO(cod-mat, desc-mat, preço-unit, quant)
(B) REQUISIÇÃO-MATERIAL(no-req, cod-mat, dt-req, cod-fornec, desc-mat, preço-unit, quant)
(C) REQUISIÇÃO-MATERIAL(no-req, dt-req, cod-fornec)
    MATERIAL-REQUISIÇÃO(cod-mat, preço-unit, quant)
    MATERIAL(cod-mat, desc-mat)
(D) REQUISIÇÃO-MATERIAL(no-req, dt-req, cod-fornec)
    MATERIAL-REQUISIÇÃO(no-req, cod-mat, desc-mat, preço-unit, quant)
(E) REQUISIÇÃO-MATERIAL(no-req, cod-mat, no-req, dt-req, cod-fornec, preco-unit, quant).
Comentários: a alternativa correta é a D. Como afirmado, a relação inicial apresenta uma estrutura repetitiva. Portanto, na 1FN, teremos duas relações, com um atributo comum: a chave da relação inicial.

220) Identificar a alternativa que contém a relação acima na 2ª. Forma Normal:
(A) REQUISIÇÃO-MATERIAL (no-req, dt-req, cod-fornec)
    MATERIAL-REQUISIÇÃO(cod-mat, desc-mat, preço-unit, quant)
(B) REQUISIÇÃO-MATERIAL(no-req, dt-req, cod-fornec)
    MATERIAL-REQUISIÇÃO(no-req, cod-mat, desc-mat, preço-unit, quant)
(C) REQUISIÇÃO-MATERIAL(no-req, dt-req, cod-fornec)

MATERIAL-REQUISIÇÃO(cod-mat, preço-unit)
MATERIAL(cod-mat, desc-mat, quant)
(D) REQUISIÇÃO-MATERIAL(no-req, cod-mat, dt-req, cod-fornec,desc-mat, preço-unit,quant)
(E) REQUISIÇÃO-MATERIAL(no-req, dt-req, cod-fornec)
MATERIAL-REQUISIÇÃO(no-req, cod-mat, quant)
MATERIAL(cod-mat, desc-mat, preco-unit).

Comentários: a alternativa correta é a E. Na 1FN (ver questão anterior), há uma relação com chave concatenada; esta pode não estar na 2FN. Como há atributos nesta relação que não dependem da chave como um todo, é preciso criar outra relação para acomodar estes atributos.

221) Identificar a alternativa que contém a relação acima na 3ª. Forma Normal:
(A) REQUISIÇÃO-MATERIAL (no-req, dt-req, cod-fornec)
MATERIAL-REQUISIÇÃO(cod-mat, desc-mat, preço-unit, quant)
(B) REQUISIÇÃO-MATERIAL(no-req, dt-req, cod-fornec)
MATERIAL-REQUISIÇÃO(no-req, cod-mat, desc-mat, preço-unit, quant)
(C) REQUISIÇÃO-MATERIAL(no-req, dt-req, cod-fornec)
MATERIAL-REQUISIÇÃO(cod-mat, preço-unit)
MATERIAL(cod-mat, desc-mat, quant)
(D) REQUISIÇÃO-MATERIAL(no-req, cod-mat, dt-req, cod-fornec,desc-mat, preço-unit,quant)
(E) REQUISIÇÃO-MATERIAL(no-req, dt-req, cod-fornec)
MATERIAL-REQUISIÇÃO(no-req, cod-mat, quant)
MATERIAL(cod-mat, desc-mat, preco-unit).

Comentários: a alternativa correta é a E. Para avaliar se uma relação está na 3FN, esquecem-se a chave primária da relação e buscam-se atributos que dependam de outros. Neste caso, não há Portanto, a relação na 2FN está na 3FN.

222) Dada a relação abaixo:
Pedido
- NúmeroDoPedido
- CódigoDoCliente
- NomeDoCliente
- ItensDoPedido (*)
- CódigoDoProduto
- QtdeDoProduto
- DescriçãoDoProduto.
Obs.: considerar que o atributo sublinhado é a chave primária da relação.

A primeira Forma Normal da relação é:

(A) Pedido (<u>NúmeroDoPedido</u>, CódigoDoCliente, NomeDoCliente, CódigoDoProduto, QtdeDoProduto, DescriçãoDoProduto).

(B) Pedido (<u>NúmeroDoPedido</u>, CódigoDoCliente, NomeDoCliente),
PedidoItens(<u>NúmeroDoPedido,   CódigoDoProduto</u>,
QtdeDoProduto, DescriçãoDoProduto).

(C) Pedido (<u>NúmeroDoPedido</u>, CódigoDoCliente, NomeDoCliente),
PedidoItens   (<u>CódigoDoProduto</u>,   QtdeDoProduto,
DescriçãoDoProduto).

(D) Pedido (<u>NúmeroDoPedido</u>, <u>CódigoDoProduto</u>, CódigoDoCliente,
NomeDoCliente, QtdeDoProduto, DescriçãoDoProduto).

Comentários: a alternativa correta é a B. Ver a questão 219: o procedimento é o mesmo.

223) Dada a relação abaixo:
CadastroFunc
- <u>MatrículaFunc</u>
- NomeFunc
- EndereçoFunc
- CódigoDoCargo
- NomeDoCargo.

Obs.: considerar que o atributo sublinhado é a chave primária da relação.
A terceira Forma Normal da relação é:

(A) CadastroFunc (<u>MatrículaFunc,</u> NomeFunc, EndereçoFunc,
CódigoDoCargo, NomeDoCargo)

(B) CadastroFunc (<u>MatrículaFunc,</u> <u>CódigoDoCargo</u>, NomeFunc,
EndereçoFunc, , NomeDoCargo)

(C) CadastroFunc (<u>MatrículaFunc</u>, NomeFunc, EndereçoFunc,
CódigoDoCargo)
TabelaDeCargos (<u>CódigoDoCargo</u>, NomeDoCargo)

(D) CadastroFunc (<u>MatrículaFunc,</u> NomeFunc, EndereçoFunc,
NomeDoCargo)
TabelaDeCargos (<u>CódigoDoCargo</u>, NomeDoCargo).

Comentários: a alternativa correta é a C. Ver as questões 219 a 221: o procedimento é o mesmo.

224) Considere um modelo entidade-relacionamento de uma indústria. Este modelo representa peças com suas propriedades, bem como a

composição de peças (peças podem ser usadas na composição de outras peças). Este modelo entidade-relacionamento contém:

- Uma entidade *Peça*, com atributos código e nome e peso.
- Um autorrelacionamento de Peça, chamado *Composição*. Neste autorrelacionamento uma peça tem papel de *componente* e outra peça papel de *composto*. O autorrelacionamento tem cardinalidade n:n e tem um atributo *quantidade*, que informa quantas unidades da peça componente são usadas na peça composto.

Uma base de dados relacional que implementa corretamente este modelo entidade-relacionamento e está na terceira forma normal é (chaves primárias estão sublinhadas):

(A) Peca (<u>CodPeca</u>, NomePeca, PesoPeca)
Composicao(<u>CodPecaComposto,CodPecaComponente</u>,Quantidade)
Composição.CodPecaComposto referência Peca
Composição.CodPecaComponente referência Peca

(B) Peca (<u>CodPeca</u>, NomePeca, PesoPeca, CodPecaComposto, Quantidade)
Peca.CodPecaComposto referência Peca

(C) Peca (<u>CodPeca</u>, NomePeca, PesoPeca)
Composicao(<u>CodPecaComposto,CodPecaComponente</u>,Quantidade)
Composição.CodPecaComposto referência Peca
Composição.CodPecaComponente referência Peca

(D) Peca (<u>CodPeca</u>, NomePeca, PesoPeca, CodPecaComposto, CodPecaComponente,Quantidade)
Peca.CodPecaComposto referência Peca
Peca.CodPecaComponente referência Peca

(E) Composto (<u>CodPeca</u>, NomePeca, PesoPeca)
Componente (<u>CodPeca</u>, NomePeca, PesoPeca, CodPecaComposto Quantidade)
Componente.CodPecaComposto referência Composto. (POSCOMP/2004)
Comentários: a alternativa correta é a A. Mesmo procedimento das questões de 219 a 221.

225) O processo de normalização baseia-se no conceito de forma normal, que é uma regra que deve ser obedecida por uma relação para que seja considerada bem projetada.
Com base nos conhecimentos sobre normalização, considere as afirmativas a seguir.

I. A Primeira Forma Normal (1FN) define que a relação não deve conter atributos não atômicos ou as relações aninhadas. A ação que deve ser tomada para deixar uma relação na 1FN é formar uma nova relação para cada atributo não atômico ou para cada relação aninhada.

II. A Segunda Forma Normal (2FN) define que, além de estar na 1FN, para as relações que possuam chaves primárias com vários atributos, nenhum atributo externo à chave deve ser funcionalmente dependente de parte da chave primária. A ação que deve ser tomada é decompor e montar uma nova relação para cada chave parcial com seu(s) atributo(s) dependente(s).

III. A Terceira Forma Normal (3FN) define que, além de estar na 2FN, as relações não devem ter atributos que não pertençam a uma chave, funcionalmente determinados por outro atributo que também não pertença a uma chave (ou por um conjunto de atributos não chave). A ação que deve ser tomada é decompor e montar uma relação que contenha o(s) atributo(s) não chave que determina(m) funcionalmente o(s) outro(s) atributo(s).

IV. Uma dependência parcial ocorre quando um atributo, além de depender da chave primária, depende de outro atributo ou conjunto de atributos da relação. Uma dependência transitiva ocorre quando um atributo depende apenas de parte de uma chave primária composta.

Assinale a alternativa correta.

(A) Somente as afirmativas I e IV são corretas; (B) Somente as afirmativas II e III são corretas; (C) Somente as afirmativas III e IV são corretas; (D) Somente as afirmativas I, II e III são corretas; (E) Somente as afirmativas I, II e IV são corretas. (POSCOMP/2010)

Comentários: a alternativa correta é a D. As afirmativas I, II e II são verdadeiras; a afirmativa IV é falsa: a dependência transitiva ocorre quando um atributo depende de outro e este segundo depende de um terceiro. (KERN, 1994).

4. HARDWARE/SOFTWARE

226) Para realizar um acesso a um disco rígido, o tempo necessário para deslocar o cabeçote de leitura e escrita até o cilindro correspondente à trilha a ser acessada é o tempo de:

(A) latência; (B) transferência; (C) *seek*; (D) entrelaçamento.

Comentários: a alternativa correta é a C. A alternativa A (tempo de latência) é o tempo necessário, uma vez que o cabeçote já esteja posicionado na trilha correta, para o setor a ser lido, ou escrito, se posicionar sob o cabeçote de leitura e escrita no início do setor a ser lido (ou escrito). A alternativa B (tempo de transferência) é o tempo necessário à transferência dos dados (leitura ou escrita dos dados). A alternativa D (tempo de entrelaçamento) nada tem a ver com o assunto; apenas preenche o número de alternativas. (CAMATTA et als.).

227) O registrador básico da unidade de controle da Unidade Central de Processamento do computador, que mantém o endereço da próxima instrução a ser buscada na memória é o:
(A) IR (*Instruction Register*); (B) MBR (*Memory Buffer Register*); (C) MAR (*Memory Address Register*); (D) PC (*Program Counter*).
Comentários: a alternativa correta é a D. A alternativa A (IR – Instruction Register) é o registrador básico da unidade de controle que mantém a última instrução buscada na memória. A alternativa B (MBR – Memory Buffer Register) é o registrador básico da unidade de controle que é conectado ao barramento do sistema, e que contém um valor a ser armazenado na memória ou o último valor dela lido. A alternativa C (MAR – Memory Address Register) é o registrador básico da unidade de controle que especifica o endereço de memória para uma operação de leitura ou escrita (CAMATTA et als.).

228) Para realizar um acesso a um disco rígido, o tempo necessário, uma vez o cabeçote posicionado já na trilha correta para o setor a ser lido (ou escrito) se posicionar sob o cabeçote de leitura e escrita no início do setor a ser lido (ou escrito) é o tempo de
(A) entrelaçamento; (B) transferência; (C) latência; (D) *seek*.
Comentários: a alternativa correta é a C. Os tempos constantes das alternativas foram definidas na questão 226.

229) Um dos componentes principais da placa-mãe e que é o primeiro programa executado pelo computador ao ser ligado é o
(A) BIOS; (B) *chipset*; (C) *slot*; (D) *PCI Express*.
Comentários: a alternativa correta é a A (BIOS – Basic Input/Output System). A alternativa B (chipset) é o chip responsável pelo controle de diversos dispositivos de entrada e saída, como o barramento, o acesso à memória, o acesso ao HD, periféricos on-board e off-board, comunicação do processador com a memória RAM e entre outros componentes da placa-mãe. A alternativa C (slot) é o componente responsável por ligar os periféricos aos barramentos e suas velocidades e largura de banda são correspondentes as dos seus respectivos barramentos.

Há vários slots na placa-mãe para encaixe de placas (vídeo, som, rede, modem, etc.). Exemplos de slots: ISA, PCI, AGP, etc. A alternativa D (PCI Express) é um tipo de slot, como o ISA, PCI, AGP. (CAMATTA et als.).

230) O tipo de armazenamento primário em que o computador pode armazenar temporariamente blocos de dados usados com mais fre-quência e que um processador pode acessar mais rapidamente do que a memória principal é a
(A) RAM; (B) ROM; (C) memória cache; (D) memória flash.
Comentários: a alternativa correta é a C. A RAM (alternativa A) – Random Access Memory é memória volátil. A ROM (alternativa B) – Read Only Memory é memória não-volátil. A memória flash (alternativa D) é do tipo não-volátil.

231) Tanto para quantificar a memória principal do computador como para medir a capacidade de armazenamento secundário são usados múltiplos de bytes, como "K", "M", "G", "T", respectivamente, kilo, mega, giga e tera. Assim, 1 Gigabytes corresponde exatamente a
(A) 2^{10} bytes; (B) 2^{20} bytes; (C) 2^{30} bytes; (D) 2^{40} bytes.
Comentários: a alternativa correta é a C. 2^{10} bytes é 1 Kb (alternativa A). 2^{20} bytes é 1 Mb (alternativa B). 2^{40} bytes é 1 Tb (alternativa D).

232) Tanto para quantificar a memória principal do computador como para medir sua capacidade de armazenamento são usados múltiplos de bytes, como "G", "M", "K" e "T", respectivamente, giga, mega, kilo e tera.
1 Gigabyte corresponde exatamente a:
(A) 1024 bytes (2^{10}); (B) 1.048.576 bytes (2^{20}).
(C) 1.073.741.824 bytes (2^{30}); (D) 1.099.511.627.776 bytes (2^{40}).
Comentários: a alternativa correta é a C. Ver comentário da questão 231.

233) Dentre os diferentes tipos de memória principal do computador, a memória não volátil (somente para leitura) cujo conteúdo é gravado pelo fabricante do computador, é a:
(A) RAM; (B) SRAM; (C) WORM; (D) ROM.
Comentários: a alternativa correta é a D. A RAM (alternativa A) – Random Access Memory é memória volátil. A SRAM (alternativa B) – Static RAM – é memória RAM mais veloz, usada em cache. A WORM é aplicada a CD (Compact Disk); WORM provém de Write Once, Read-Many – grava uma única vez a informa-ção.(MEIRELLES, 1994).
234) Os modos de endereçamento estão relacionados com a forma utilizada para especificar o valor ou endereço de um operando de uma

instrução. O modo de endereçamento em que o campo de endereço contém o endereço efetivo do operando na memória, requerendo, portanto, apenas um acesso para determinar o valor do operando é o:
(A) direto; (B) indireto; (C) imediato; (D) registrador.
Comentários: a alternativa correta é a A. A alternativa B (endereçamento indireto) ocorre quando o campo de endereço aponta para uma posição de memória que contém o endereço de memória do operando. A principal desvantagem é a necessidade de dois acessos à memória. A alternativa C (endereçamento imediato) ocorre quando o valor do operando é especificado diretamente na instrução. A principal vantagem é não requerer acesso à memória para obter o operando. A desvantagem é que impõe uma limitação no tamanho do operando. A alternativa D (endereçamento de registrador) é semelhante ao modo direto, em que o modo de endereço se refere a um registrador e não a uma posição de memória. (CAMATTA et als.).

235) Ao medir o desempenho de um certo sistema, verificou-se que este passava muito tempo com a CPU ociosa e tinha um alto volume de acessos a disco.
Assinale a alternativa que apresenta a solução traduzida na melhoria de desempenho desse sistema.
(A) Troca da CPU por uma mais rápida; (B) Aumento na capacidade de memória do sistema; (C) Aumento na capacidade de armazenamento do disco; (D) Uso de memória cache; (E) Troca do sistema operacional.

(POSCOMP/2011)
Comentários: a alternativa correta é a B. Com o aumento da memória do sistema haverá redução da ociosidade da CPU, pois haverá provavelmente dados a processar.

236) Todo computador possui limites para os números inteiros, que geralmente é estabelecido pelo número de bits da palavra da máquina. Assim, admitindo-se uma máquina com tamanho de palavra de 10 (dez) bits podemos dizer que o limite para os números inteiros é o seguinte:
(A) [- 512 a + 511]; (B) [- 512 a + 512]; (C) [- 511 a + 512]; (D) [-1024 a + 1024]; (E) [-1024 a + 1023].
Comentários: a alternativa correta é a A. Como 2^{10} = 1024 e é necessário representar números negativos e positivos, temos o intervalo da alternativa A.

237) Sobre as arquiteturas *RISC (Reduced Instruction Set Computer)* e CISC *(Complex Instruction Set Computer),* podemos afirmar:
I - A arquitetura RISC elimina a necessidade do decodificador de instruções e do microcódigo.
II - Todas as instruções RISC podem ter tamanhos diferentes, desde que demorem o mesmo tempo dentro do microprocessador.
III - Quando uma instrução é dada a um microprocessador RISC, cada bit da instrução é responsável por ativar e/ou desativar diretamente algum circuito lógico existente dentro do microprocessador.
Está(ão) correta(s) a(s) afirmativa(s):
(A) I; (B) II; (C) III; (D) I e III; (E) I, II e III.
Comentários: a alternativa correta é a D. As afirmativas I e III são verdadeiras. A afirmativa II é falsa.

238) Discos magnéticos e discos ópticos são muito utilizados nos computadores para armazenamento de arquivos. Sobre eles, podemos afirmar:
I - Os discos ópticos em geral possuem velocidades de acesso inferior à dos discos magnéticos e menor custo por Mbyte.
II - Os discos ópticos, a exemplo dos discos magnéticos, não utilizam bits adicionais na gravação dos bytes.
III - Os discos ópticos são menos exigentes em termos de condições ambientais que os discos magnéticos.
IV - Os discos ópticos utilizam uma estrutura de endereçamento física baseada em cilindros, trilhas e setores/blocos, similar à utilizada pelos discos magnéticos.
Estão corretas as afirmativas:
(A) I, II e III; (B) I, III e IV; (C) I e II; (D) I e III; (E) I, II, III e IV.
Comentários: a alternativa correta é a D. As afirmativas II e IV são falsas.

239) Considerando o ciclo de execução de uma instrução, podemos concluir que:
I - O endereçamento de uma instrução é sempre realizado por meio do valor armazenado no PC (*Program Counter*).
II - Todo ciclo de instrução é iniciado com a transferência da instrução para o Registrador de Instrução (RI), a partir do endereço contido no ACC (Acumulador).
III - Toda instrução consiste em uma ordem codificada para a UCP executar uma operação qualquer sobre dados que, no contexto da inter-

pretação de uma instrução, deve ser necessariamente um valor numérico ou um caractere.

IV - A localização do(s) dado(s) pode estar explicitamente indicada na própria instrução por um ou mais operandos ou, implicitamente, quando o dado está armazenado no Acumulador (ACC).

Estão corretas as afirmativas:

(A) I e II; (B) I e III; (C) I e IV; (D) II, III e IV; (E) I, II, III e IV.

Comentários: a alternativa correta é a C. O ciclo de instrução é o período de tempo no qual um computador lê e processa uma instrução em linguagem de máquina da sua memória ou a sequência de ações que a UCP realiza para executar cada instrução em código de máquina num programa. O ciclo de instrução é também chamado de ciclo de busca-execução. As afirmativas II e III são falsas.

240) Os bytes são fundamentais na codificação dos caracteres normalmente utilizados nos Sistemas de Computação.

I - Um byte é uma representação binária utilizada para representar caracteres nas memórias dos computadores, sendo formado por um grupamento de 8 bits, independentemente do tipo de código utilizado.

II - Byte e Palavra de computador são sinônimos e ambas são representações binárias utilizadas para representação de caracteres nas memórias dos computadores.

III - Um byte é uma representação binária utilizada para representar caracteres nas memórias dos computadores e pode possuir 6 bits (SIXBIT), 7 bits (ASCII) ou 8 bits (EBCDIC).

IV - Um múltiplo do byte muito utilizado em quantificações de memórias é o Kilobyte (Kb). Assim, se uma memória tem 1Kb, significa que ela pode armazenar até 1000 caracteres.

Está(ao) correta(s) a(s) afirmativa(s):

(A) I; (B) II; (C) III; (D) II e IV; (E) I, II, III e IV.

Comentários: a alternativa correta é a C. As afirmativas I, II e IV são falsas. Sobre a afirmativa IV: 1 Kb = 2^{10} bytes = 1024 bytes. Portanto, não é 1000 caracteres, somente.

5. SISTEMAS DE NUMERAÇÃO (BINÁRIO, OCTAL, HEXADE-CIMAL)

241) O número 139 (decimal) convertido para os sistemas binário e hexadecimal, respectivamente, é

(A) 10001010_2, $8A_{16}$; (B) 10001011_2, $8B_{16}$; (C) 11010001_2, $B8_{16}$; (D) 10001111_2, $8F_{16}$.

Comentários: a alternativa correta é B. A regra prática para converter um número decimal para uma base qualquer consiste em fazer divisões sucessivas pela base; quando o quociente for inferior à base, forma-se o número convertido com o último quociente e os restos das divisões em ordem inversa até a primeira. Assim, por exemplo, para converter 139 (decimal) para a base 16, divide-se 139 por 16; resulta como quociente 8 e resto 11. Como o quociente 8 é inferior a 16, a conversão terminou; o número 139_{10} convertido para hexadecimal é 8 (último quociente), seguido pelo valor do resto (11); como a base é 16 (são 16 os algarismos, que são 0 a 9, A, B, C, D, e F; as letras correspondem a 10, 11, 12,13, 14 e 15, respectivamente). Então, o número 139_{10} convertido para hexadecimal é 8B. O mesmo procedimento deve ser adotado para fazer a conversão para binário; neste sistema são dois os algarismos (0 e 1). Deve-se fazer divisões sucessivas por 2; neste caso, os restos destas divisões serão 0 ou 1; quando o quociente for menor que a base (2), o processo se encerra; o número convertido em binário será formado por este último quociente e os restos anteriores (em ordem inversa) até o primeiro.

242) O valor correspondente em binário, octal e hexadecimal ao número decimal 133 é:
(A) 10100001_2, 502_8, 58_{16}; (B) 10000101_2, 205_8, 85_{16}; (C) 10000111_2, 215_8, $8D_{16}$; (D) 10100101_2, 250_8, 57_{16}.
Comentários: a alternativa correta é a B. Veja a explicação acima; ela vale aqui para a conversão para binário, para octal (sistema de numeração de base 8 – ou seja, com os números formados com os algarismos de 0 a 7) e hexadecimal.

243) 1 Gigabytes corresponde a aproximadamente:
(A) 1000 bytes; (B) 1000000 bytes; (C) 1000000000 bytes; (D) 1000000000000 bytes.
Comentários: a alternativa correta é a C. É sabido que o sistema de contagem utilizado para quantificar a memória principal e a capacidade de armazenamento dos computadores é o binário (base 2), são usadas potências de 2 para contagem. Assim, 2^{10} corresponde a 1024 bytes exatamente = 1kb (1 kilobyte); 2^{20} corresponde a exatamente 1048576 bytes = 1 Mb (1 Megabyte); 2^{30} corresponde a exatamente 1073741824 bytes = 1 Gb (1 Gigabyte); 2^{40} corresponde a exatamente 1099511627776 bytes = 1Tb (1 Terabyte). O advérbio "aproximadamente" do enunciado permite aceitar que 1 Gb corresponde a 1 bilhão de bytes; da mesma forma que 1 kb corresponde a mil bytes; 1 Mb corresponde a 1 milhão de bytes; 1 Tb corresponde a 1 trilhão de bytes (MEIRELLES, 1994).

244) Escolha a alternativa que apresenta o número 145 (sistema decimal) convertido, respectivamente, para as bases 2, 8 e 16.
(A) 10001001_2, 122_8, 19_{16}; (B) 10101001_2, 212_8, 91_{16}; (C) 10010001_2, 221_8, 91_{16}. (D) 10010011_2, 132_8, 19_{16}.
Comentários: a alternativa correta é a C. Veja a explicação da questão 241; ela vale aqui.

245) 1 Megabytes corresponde a aproximadamente:
(A) 1000 bytes; (B) 100000 bytes; (C) 1000000 bytes; (D) 1000000000 bytes.
Comentários: a alternativa correta é a C. Veja o comentário da questão 243.

246) Os sistemas de numeração usam a notação posicional. A representatividade de um algarismo num dado número, depende da sua posição no mesmo. Considerando as bases 2, 3, 5 e 10. Qual das opções abaixo apresenta o mesmo valor quantitativo nas referidas bases?
(A) 10001_2 ; 122_3 ; 33_5 ; 17_{10}; (B) 10011_2 ; 123_3 ; 32_5 ; 19_{10}; (C) 10001_2 ; 122_3 ; 33_5 ; 17_{10}; (D) 10011_2 ; 123_3 ; 32_5 ; 19_{10}; (E) 10001_2 ; 122_3 ; 32_5 ; 17_{10}.
Comentários: a alternativa correta é a E. Veja o comentário da questão 241.

6. SISTEMAS OPERACIONAIS

247) O algoritmo de escalonamento utilizado em discos magnéticos que atende primeiro às requisições que necessitam de menor tempo de seek é o
(A) FCFS; (B) SSTF; (C) SLTF; (D) SCAN.
Comentários: a alternativa correta é a B (SSTF – Shortest Seek Time First). O algoritmo de escalonamento FCFS – First Come First Served (alternativa A) é aquele que atende as requisições na ordem de chegada. O algoritmo de escalonamento SLTF – Shortest Latency Time First (alternativa C) é aquele que atende primeiro as requisições de menor latência; latência é o tempo necessário para localizar um setor dentro de uma trilha do disco; este tempo está diretamente relacionado com a velocidade de rotação do disco. O algoritmo de escalonamento SCAN (alternativa D) é aquele que varre o disco na direção radial, atendendo requisições; só atende em um sentido. Há um outro algoritmo, chamado CSCAN, similar ao SCAN, que atende requisições na subida e na descida (CAMATTA et als.).

248) O tipo de *backup* em que é realizada somente a cópia dos dados reais que foram modificados nos arquivos e que, por isso, é um processo de *backup* mais rápido e que ocupa menos espaço nas mídias utilizadas é o *backup*

(A) total; (B) diferencial; (C) delta; (D) incremental.

Comentários: a alternativa correta é a C (backup delta).O backup total (alternativa A) é aquele que realiza uma cópia de todos os dados para a mídia, não importando o conteúdo do último backup. O backup diferencial (alternativa B) é aquele que copia todos os arquivos que foram alterados desde o último backup completo; por esta razão ocupa mais espaços nas mídias de backup e é mais lento; contudo, é mais fácil de recuperar. Por exemplo: para recuperar os dados deste tipo de backup, basta ter em mãos apenas o último backup completo e o último backup diferencial. O backup incremental (alternativa D) é aquele que salva os arquivos que foram alterados desde o último backup. Neste esquema o novo arquivo é armazenado na mídia e o arquivo original não é removido. Para restaurar os dados, deve-se ter o último backup completo e os backups incrementais desde então (CAMATTA et als.).

249) O sistema multiusuário que tem o computador central funcionando brevemente para cada um dos diversos usuários (estes têm a sensação de estar o computador à sua inteira disposição) chama-se:

(A) *on-line*; (B) tempo compartilhado; (C) tempo real; (D) *batch*.

Comentários: a alternativa correta é a B. O sistema multiusuário é aquele projetado para suportar várias sessões de usuários.

7. GOVERNANÇA DE TI

250) A etapa do ciclo da Governança de TI que tem como componentes (dentre outros) Princípios de TI, Necessidades de aplicações e Estratégia de *Outsourcing* é a etapa de:

(A) Alinhamento estratégico e *Compliance;* (B) Decisão, Compromisso, Priorização e Alocação de Recursos; (C) Estrutura, Processos, Operação e Gestão; (D) Medição do Desempenho.

Comentários: a alternativa correta é a A. Os outros componentes da etapa de Alinhamento estratégico e Compliance são: Alinhamento estratégico, Arquitetura de TI, Infraestrutura de TI, Objetivos de desempenho, Capacidade de atendimento, Segurança da informação e Plano de TI. A alternativa B corresponde à segunda etapa do ciclo da Governança de TI e tem como componentes: Mecanismos de decisão e Portfólio de TI. A alternativa C corresponde à terceira etapa e tem como componentes: Operações de serviços, Relacionamento com usuários e Relacionamento com fornecedores. A alternativa D corresponde à quarta etapa e tem como único componente a Gestão do desempenho da TI (FERNANDES & ABREU, 2008).

251) Considere as duas questões abaixo:
- Os novos projetos conseguem entregar soluções que atendem as necessidades do negócio?
- Os novos projetos conseguem ser entregues dentro do prazo e orçamento planejados?
Estas questões são típicas de qual domínio do COBIT?
(A) PO – Planejamento e Organização; (B) AI – Aquisição e Implementação; (C) DS – Entrega e Suporte; (D) ME – Monitoração e Avaliação.
Comentários: a alternativa correta é a B; as outras questões deste domínio são: Os novos sistemas funcionam adequadamente depois de implementados; as mudanças são conduzidas com baixo impacto nas operações de negócio correntes? O domínio constante na alternativa A (PO) tem as seguintes questões: A estratégia de negócio e a TI estão alinhadas? A empresa está otimizando a utilização dos seus recursos? Todos na organização compreendem as metas de TI? Os riscos relacionados à TI estão compreendidos e sendo gerenciados? A qualidade dos sistemas de TI está adequada às necessidades do negócio? O domínio constante na alternativa C (DS) tem as seguintes questões: Os serviços de TI estão sendo entregues com alinhamento às prioridades do negócio? Os custos de TI estão otimizados? As equipes de trabalho são capazes de utilizar os sistemas de TI com segurança e produtividade? Atributos como confidencialidade, integridade e disponibilidade estão implementados de forma adequada? O domínio constante na alternativa D (ME) tem as seguintes questões: As medições de desempenho da TI detectam problemas antes que seja tarde demais? Há garantias de que os controles internos sejam eficientes e eficazes? É possível associar diretamente o desempenho de TI às metas de negócio estabelecidas anteriormente? Existem controles para confidencialidade, integridade e disponibilidade adequados para garantir a segurança da informação? (FERNANDES & ABREU, 2008).

252) Qual é o estágio do ITIL v.3 que tem como processos Gerenciamento Financeiro de TI, Gerenciamento do Portfólio de Serviços e Gerenciamento da Demanda?
(A) Estratégia de serviço; (B) Desenho de serviço; (C) Transição de serviço; (D) Operação de serviço.
Comentários: a alternativa correta é a A. Os processos referentes à alternativa B – Desenho de Serviço – são: os Gerenciamentos de catálogo de serviços, do nível de serviço, da Capacidade, da Disponibilidade, da Continuidade de serviço, de Segurança da informação e de Fornecedor. Os processos referentes à alternativa

C – Transição de Serviço – são os Gerenciamentos de Mudança, da Configuração e de Ativo de serviço, Validação e teste de serviço, Avaliação e Gerenciamento do conhecimento. Os processos referentes à alternativa D – Operação de serviço – são os Gerenciamentos de Eventos, de Incidente, de Requisição, de Problema e de Acesso (FERNANDES & ABREU, 2008).

253) Identifique a alternativa que contém o modelo de melhores práticas para TI que tem como escopo metodologia de planejamento e gestão de estratégia:
(A) COBIT – *Control Objectives for Information and Related Technology;*
(B) CMMI – *Capability Maturity Model Integration;* (C) ITIL – *Information Technology Infrastructure Library;* (D) BSC – *Balanced Scorecard.*
Comentários: a alternativa correta é a D. A alternativa A (COBIT) tem como principal objetivo contribuir para o sucesso da entrega de produtos e serviços de TI, a partir das necessidades do negócio, com um foco mais acentuado no controle que na execução. A alternativa B (CMMI) tem como objetivo fornecer diretrizes baseadas em melhores práticas para a melhoria dos processos e habilidades organizacionais, cobrindo o ciclo de vida de produtos e serviços completos, nas fases de concepção, desenvolvimento, aquisição, entrega e manutenção. A alternativa C (ITIL) tem como objetivo o gerenciamento de serviços de tecnologia de informação de alta qualidade; objetiva prover um conjunto de práticas de gerenciamento de serviços de TI testadas e comprovadas no mercado, que podem servir como balizadoras, tanto para organizações que já possuem operações de TI em andamento e pretendem empreender melhorias, quanto para a criação de novas operações (FERNANDES & ABREU, 2008).

254) O processo de suporte do ciclo de vida conforme o modelo ISO 12207, que define as atividades para assegurar objetivamente que o produto de software e os processos estejam em conformidade com os requisitos especificados e aderentes aos planos estabelecidos é o processo de:
(A) Documentação; (B) Gestão de configuração; (C) Garantia de qualidade; (D) Verificação.
Comentários: a alternativa correta é a C. O processo de Documentação (alternativa A) define atividades para o registro da informação produzida pelos processos do ciclo de vida e abrange as seguintes atividades: implementação do processo (conteúdo e formato dos documentos), projeto e desenvolvimento, produção e manutenção. O processo de Gestão da Configuração (alternativa B) abrange as seguintes atividades: implementação do processo (plano e procedimentos), identificação da configuração, controle da configuração, status da configuração, avaliação da configuração, gestão das versões e da entrega. O processo de Verificação (alternativa D) abrange as seguintes atividades: imple-

mentação do processo e verificação (contrato, processo, requisitos, projeto, código, integração e documentação). Os demais processos (não citados nas alternativas): processo de Validação, processo de Revisão conjunta, processo de Auditoria e processo de Resolução de problema (FERNANDES & ABREU, 2008).

255) O modelo ISO 9126 trata da avaliação do produto de software do ponto de vista das suas características de qualidade. A norma sugere a avaliação dos atributos da qualidade do software relacionados à usabilidade, eficiência, funcionalidade, confiabilidade, manutenibilidade e portabilidade.
Identifique a alternativa que contém os subconjuntos de requisitos de qualidade de confiabilidade:
(A) Maturidade, tolerância a falhas, capacidade de recuperação
(B) Adequabilidade, exatidão, interoperabilidade
(C) Facilidade de análise, facilidade de mudança, estabilidade
(D) Capacidade de adaptação, facilidade de instalação, nível de conformidade.
Comentários: a alternativa correta é a A. Adequabilidade, exatidão, interoperabilidade (alternativa B) são subconjuntos de requisitos de qualidade funcionais. Facilidade de análise, facilidade de mudança, estabilidade (alternativa C) são subconjuntos de requisitos de qualidade de facilidade de manutenção. Capacidade de adaptação, facilidade de instalação, nível de conformidade (alternativa D) são subconjuntos de requisitos de qualidade de portabilidade (FERNANDES & ABREU, 2008).

256) O sistema interfuncional que atua como uma estrutura para integrar e automatizar muitos dos processos de negócios que devem ser realizados pelas funções de produção, logística, distribuição, contabilidade, finanças e de recursos humanos de uma empresa chama-se:
(A) CRM; (B) SCM; (C) TCP/IP; (D) ERP.
Comentários: a alternativa correta é a D (ERP – Planejamento de Recursos Empresariais). CRM (alternativa A) é o gerenciamento do relacionamento com o cliente. SCM (alternativa B) é o gerenciamento da cadeia de suprimentos. TCP/IP (alternativa C) é o protocolo para acesso à Internet (O'BRIEN, 2004).

257) O atributo-chave de qualidade da norma ISO 9126, que identifica o período de tempo em que o software está disponível para uso com os subatributos "maturidade", "tolerância a falhas" e "recuperabilidade" é
(A) funcionalidade; (B) confiabilidade; (C) eficiência; (D) utilização.
Comentários: a alternativa correta é a B. Os atributos-chave da norma ISO 9126 são seis: funcionalidade, confiabilidade, portabilidade, utilização, eficiência, ma-

nutenibilidade. A alternativa A (funcionalidade) define o grau com que o software satisfaz as necessidades declaradas, com os subatributos: adequabilidade, precisão, interoperabilidade, atendibilidade e segurança. A alternativa C (eficiência) define o grau com que o software otimiza os recursos do sistema com os subatributos: comportamento em relação ao tempo e comportamento em relação aos recursos.A alternativa D (utilização) define o grau de facilidade de uso do software, com os subatributos: inteligibilidade, adestrabilidade e operabilidade. (CAMATTA et als.).

8. REDES DE COMPUTADORES/INTERNET

258) A topologia de rede que consiste na expansão da topologia em barra, herdando suas capacidades e limitações, e em que o barramento ganha ramificações que mantêm as características de difusão das mensagens e compartilhamento de meio entre as estações é chamada
(A) árvore; (B) malha; (C) estrela; (D) anel.
Comentários: a alternativa correta é a A. A alternativa B (malha) é a topologia de rede em que a interconexão é total, garantindo alta confiabilidade, porém a complexidade da implementação física e o custo inviabilizam seu uso comercial. A alternativa C (estrela) é a topologia em que a conexão é feita por meio de um nó central que exerce controle sobre a comunicação. A confiabilidade é limitada à confiabilidade do nó central, cujo mau funcionamento prejudica toda a rede. A alternativa D (anel) é a topologia em que o barramento toma a forma de um anel, com ligações unidirecionais ponto a ponto. A mensagem é repetida de estação para estação até retornar à estação de origem, sendo então retirada do anel (CAMATTA et als.).

259) O modo de transferência do FTP em que o cliente é responsável pela abertura da conexão de controle e o servidor é responsável pela abertura da conexão de dados é o
(A) ativo; (B) passivo; (C) passivo estendido; (D) restrito.
Comentários: a alternativa correta é a A. A alternativa B (modo passivo) é o modo de transferência em que o cliente é responsável pela abertura de ambas as conexões. A alternativa C (modo passivo estendido) é o modo de transferência em que o servidor, ao enviar o comando PORT, transmite ao cliente somente o número da porta randômica (não transmite seu endereço IP) que estará escutando para o estabelecimento da conexão de dados. O cliente assume que deverá se conectar ao mesmo endereço IP que foi originalmente conectado. A alternativa D (modo restrito) inexiste; apenas preenche as quatro alternativas (CAMATTA et als.).

260) O tipo de serviço oferecido pelas redes ATM em que é garantida uma taxa média de transmissão e um valor máximo de pico é o
(A) CBR (Constant Bit Rate); (B) VBR (Variable Bit Rate); (C) ABR (Available Bit Rate); (D) UBR (Unspecified Bit Rate).
Comentários: a alternativa correta é a B. A alternativa A (CBR – Constant Bit Rate) é o tipo de serviço oferecido pelas redes ATM em que é garantida uma taxa de transmissão constante. A alternativa C (ABR – Available Bit Rate) é o tipo de serviço das redes ATM em que é garantida uma taxa mínima de transmissão. A alternativa D (UBR – Unspecified Bit Rate) é o tipo de serviço oferecido pelas redes ATM em que a capacidade de transmissão restante é alocada ao tráfego (CAMATTA et als.).

261) O estado em que uma conexão TCP (*Transmission Control Protocol*) pode encontrar-se na qual um lado deu início ao encerramento é o
(A) LISTEN; (B) SYN-SENT; (C) CLOSE-WAIT; (D) LAST-ACK.
Comentários: a alternativa correta é a C. A alternativa B (SYN-SENT) é o estado da conexão TCP em que a aplicação começou a abrir uma conexão. A alternativa C (CLOSE-WAIT) é o estado da conexão TCP em que um lado deu início ao encerramento. A alternativa D (LAST-ACK) é o estado da conexão TCP que aguarda a entrega de todos os pacotes (CAMATTA et als.).

262) O protocolo padrão de comunicação usado para transferir páginas por meio da parte WWW da Internet e que define como as mensagens são formatadas e transmitidas é o:
(A) HTML; (B) HTTP; (C) *browser*; (D) *cookie*.
Comentários: a alternativa correta é a B (HTTP – Hypertext Transport Protocol). HTML – Hypertext Markup Language (alternativa A) é a linguagem de programação usada na web, que formata documentos e incorpora vínculos de hipertexto dinâmicos com outros documentos armazenados nos computadores. O browser – navegador (alternativa B) é o aplicativo por meio do qual os usuários acessam a web. Um navegador oferece um front end gráfico, que permite que os usuários apontem e cliquem para surfar na web. Exemplos de navegadores (browsers): Internet Explorer (Microsoft), Chrome da Google. O cookie (alternativa D) é um pequeno arquivo de dados colocado nas unidades de disco rígido dos usuários quando eles visitam um site (sítio) da web (TURBAN et als, 2005).

263) O nome da rede privada que utiliza o software e os protocolos da Internet para oferecer aos funcionários de uma empresa acesso fácil às informações da corporação é
(A) firewall; (B) intranet; (C) World Wide Web; (D) URL.

Comentários: a alternativa correta é a B (intranet). O firewall (alternativa A) é o dispositivo de proteção, localizado entre a rede interna de uma empresa (por exemplo, suas intranets) e as redes externas (por exemplo, a internet). O firewall controla o acesso de entrada e saída na rede de uma empresa, e permite a passagem de determinados serviços externos, como o e-mail na internet. A World Wide Web (alternativa C), ou simplesmente web, é o sistema com padrões aceitos mundialmente para armazenar, recuperar, formatar e exibir informações por meio de uma arquitetura baseada em cliente/servidor; a web usa as funções de transporte da internet. A URL – Uniform Resource Locator (alternativa D) é o conjunto de letras que identificam o endereço de um recurso específico na web (TURBAN et als, 2005).

264) A linguagem de programação (usada na Web) que formata documentos e incorpora vínculos de hipertexto dinâmicos com outros documentos armazenados nos computadores é o(a):
(A) HTTP; (B) HTML; (C) *browser;* (D) TCP/IP.
Comentários: a alternativa correta é a B. O comentário da questão 262 define o conteúdo das alternativas A, B e C. TCP/IP (alternativa D) – provém de Transmission Control Protocol – Internet Protocol (Protocolo de Controle de Transmissão/Protocolo de Internet); é o conjunto básico de protocolos da Internet.

265) O conjunto de letras que identificam o endereço de um recurso específico na Web é o
(A) HTTP; (B) URL; (C) browser; (D) HTML.
Comentários: a alternativa correta é a B (URL – Uniform Resource Locator). Os outros itens das demais alternativas já foram comentados na questão 262.

266) Uma forma de classificação de redes de micros é quanto à sua topologia, isto é, como estão arranjados os equipamentos, como estão interligados fisicamente e como as informações circulam na rede.
A topologia de rede em que sempre existe um equipamento no centro da rede coordenando o fluxo de informações chama-se:
(A) anel; (B) barra ou *bus;* (C) estrela; (D) árvore.
Comentários: a alternativa correta é a C. O conteúdo das alternativas foi definido no comentário da questão 258.

267) O serviço de rede de banda larga que empacota dados em quadros para transmissão em alta velocidade por linhas confiáveis (que exigem menos verificação de erros que a comutação de pacotes) é o:
(A) Frame relay; (B) ATM; (C) ISDN; (D) DSL.

Comentários: a alternativa correta é a A. A rede ATM (alternativa B) tem como principal característica o fato de ser orientada a conexão; antes do início da transmissão de dados é necessário que todos os roteadores entre a origem e o destino registrem a existência da conexão e reservem recursos para ela. ISDN (alternativa C) é o conjunto de padrões de comunicação para transmissão digital simultânea de voz, vídeo, dados e outros serviços de rede sobre os circuitos tradicionais da rede telefônica pública comutada. DSL (alternativa D) – Digital Subscriber Line é uma família de tecnologias que fornecem um meio de transmissão digital de dados, utilizando a própria rede de telefonia que chegas nas residências. (CAMATTA et als.).

268) A camada do TCP/IP responsável por endereçar, rotear e empacotar pacotes de dados chamados datagramas IP é a camada de:
(A) Aplicação; (B) Transporte; (C) Interface de rede; (D) Internet.
Comentários: a alternativa correta é a D. A pilha de camadas do TCP/IP contém: 1) Interface de rede; 2) Internet; 3) Transporte; 4) Aplicação.

269) O serviço de Internet que permite fazer *logon* em um sistema de computador e trabalhar em outro é o:
(A) FTP; (B) World Wide Web; (C) HTML; (D) Telnet.
Comentários: a alternativa correta é a D. FTP (alternativa A) – File Transfer Protocol – Protocolo de Transferência de Arquivos é utilizado para transferência de arquivos de forma rápida e versátil. World Wide Web (alternativa B) é um aplicativo que usa as funções de transporte da Internet; é também referida como Web, WWW ou W3; é um sistema com padrões aceitos universalmente para armazenar, recuperar, formatar e exibir informações, utilizando uma arquitetura cliente/servidor. HTML – Hypertext Markup Language (alternativa C), como referido, é a linguagem de programação usada na web, que formata documentos e incorpora vínculos de hipertexto dinâmicos com outros documentos armazenados nos computadores. Telnet (alternativa D) é um protocolo de rede utilizado na Internet para comunicação baseada em texto interativo bidirecional, usando uma conexão de terminal virtual. (TURBAN et als, 2005).

270) O protocolo básico e padrão para acesso à Internet é o:
(A) browser; (B) TCP/IP; (C) HTML; (D) HTTP.
Comentários: a alternativa correta é a B. Os demais itens das alternativas foram comentados na questão 262 e 264.

271) Um canal pode utilizar diferentes meios de transmissão de telecomunicações. Dentre estes, podemos citar:

I - par trançado, fibras ópticas, super micro-ondas, satélites estacionários e transmissões sem fio.
II - par trançado, fibras ópticas, micro-ondas terrestres, satélites e transmissões sem fio.
III - par trançado, fibras ópticas, micro-ondas estacionárias, satélites e transmissões sem fio.
Está(ão) correta(s) a(s) afirmativa(s):
(A) I; (B) II; (C) III; (D) I e III; (E) I, II e III.
Comentários: a alternativa correta é a B. As redes por micro-ondas são um meio de transmissão de dados, de frequência extremamente alta, muito usado na comunicação telefônica entre grandes distâncias (telefones celulares); é barato e fácil de implementar, mas muito suscetível a fenômenos eletrônicos, magnéticos e atmosféricos (como chuva); a velocidade de propagação é próxima a da luz. As micro-ondas terrestres têm como aplicação serviços de telecomunicação de longa distância (voz e televisão); a frequência fica entre 2Ghz e 40 Ghz; utilizam antenas parabólicas; as repetidoras ficam entre 10Km e 100Km; quanto maior a frequência, maior a perda; mas fica mais barato. Micro-ondas estacionárias são aquelas produzidas quando uma onda que avança num sentido se superpõe a uma onda com igual amplitude e frequência viajando em sentido contrário. É o tipo de onda do forno de micro-ondas.

272) Um meio de descrever redes é pelo seu formato ou topologia. As topologias mais comuns são estrela, barramento e anel. Sobre estas topologias, podemos afirmar:
I - A rede em anel não depende de um computador central e seu funcionamento será interrompido se um dos computadores apresentar defeito.
II - Na rede em barramento, se um dos computadores falhar, nenhum dos outros componentes da rede será afetado.
III - Na rede em estrela, todas as comunicações entre os pontos da rede devem passar por um computador central. A comunicação da rede será interrompida se o computador central (hospedeiro) falhar.
Está(ão) correta(s) a(s) afirmativa(s):
(A) I; (B) II; (C) III; (D) II e III; (E) I, II e III.
Comentários: a alternativa correta é a D. As topologias de rede foram definidas nos comentários das questões 258 e 266.

273) Sobre as redes de computadores, podemos afirmar:
I - Um gateway geralmente é um processador de comunicação que pode conectar redes heterogêneas, convertendo um conjunto de protocolos para outro.

II - Um roteador é utilizado para rotear pacotes e determinar o ponto seguinte da rede para onde os dados deverão ser enviados.

III - O cartão de interface de rede LAN especifica a taxa de transmissão de dados, o tamanho da unidade de mensagem, as informações de endereçamento anexadas a cada mensagem e a topologia da rede.

IV - Numa rede LAN ponto-a-ponto (*peer-to-peer*), todos os computadores são tratados da mesma maneira. Cada computador tem acesso direto e recíproco a cada uma das outras estações de trabalho e dispositivos periféricos compartilhados.

Estão corretas as afirmativas:

(A) I e II; (B) II e III; (C) III e IV; (D) I, II e IV; (E) I, II, III e IV.

Comentários: a alternativa correta é a E. Sobre as afirmativas I e II: são de seis tipos os elementos de interconexão de redes de computadores: 1) repetidores (são elementos que interligam dois segmentos de um mesmo domínio de colisão); 2) hubs (são os concentradores: são elementos da camada física do modelo OSI); 3) switches (são elementos da camada de enlace do modelo OSI; também chamados de comutadores; geralmente, funcionam também como repetidores; diferentemente dos hubs, os switches dividem a rede em domínios de colisão – um domínio por porta); 4) bridges (pontes – são muito semelhantes aos switches: a diferença principal é que os switches são usados com maior frequência para conectar computadores, enquanto as bridges são mais usadas para conectar redes); 5) roteadores (são elementos da camada de rede do modelo OSI; funcionam também como repetidores – regeneram os sinais recebidos antes de realizarem a comutação; como switches e bridges, roteadores também são comutadores, mas com complexidade maior; 6) gateways (pontes de ligação) são máquinas intermediárias geralmente destinadas a interligar redes, a separar domínios de colisão ou mesmo traduzir protocolos. Há duas classes de gateways: conversores de meio e tradutores de protocolo. Os gateways conversores de meio são os roteadores multiprotocolo; são elementos da camada de rede do modelo OSI. Os gateways tradutores de protocolo podem ser elementos da camada de transporte ou da camada de aplicação. LAN significa Local Area Network (rede local). (CAMATTA et als.).

274) A quantidade de informações que pode ser transmitida por qualquer canal de telecomunicações é medida em bits por segundo (bps) e baud pode ser definido como um evento binário que representa uma mudança de sinal de positivo para negativo ou vice-versa. Tendo em vista as afirmações, podemos dizer que:

I - A taxa de bps e a taxa baud têm a mesma finalidade e são idênticas.

II - A taxa de bps e a taxa baud têm a mesma finalidade e a taxa de bps pode ser maior que a taxa de baud.

III - A taxa de bps e a taxa baud têm a mesma finalidade e a taxa de bps pode ser menor que a taxa de baud.

IV - A taxa de bps e a taxa baud têm a mesma finalidade e a taxa de bps pode ser menor ou igual à taxa de baud.

Está(ão) correta(s) a(s) afirmativa(s):

(A) I; (B) II; (C) III; (D) IV; (E) III e IV.

Comentários: a alternativa correta é a B. Um baud é uma medida de velocidade de sinalização; representa o número de mudanças na linha de transmissão (seja em frequência, em amplitude, em fase). Para se determinar a taxa de transmissão de um canal em bits por segundo (bps), deve-se levar em consideração o tipo de codificação utilizada, além da velocidade de sinalização do canal de comunicação.

275) O modelo TCP/IP (Transmission Control Protocol/ Internet Protocol), usado na Internet, tem um modelo de referência com as seguintes camadas:

(A) Aplicação, TCP(Transmission Control Protocol), IP (Internet Protocol) e Interface de Rede; (B) Aplicação, TCP(Transmission Control Protocol), IP (Internet Protocol) e Rede Física; (C) Aplicação, TCP(Transmission Control Protocol), IP (Internet Protocol), Interface de Rede e Rede Física; (D) Aplicação, TCP(Transmission Control Protocol), IP (Internet Protocol), Interface de Rede e http(hipertext transport protocol); (E) Aplicação, TCP(Transmission Control Protocol), IP (Internet Protocol), Interface de Rede, Rede Física e http(hipertext transport protocol).

Comentários: a alternativa correta é a C. As camadas do modelo TCP/IP forma relacionadas no comentário da questão 268.

276) Considerando os conceitos básicos de utilização de tecnologias e procedimentos associados a Internet/Intranet, assinale a afirmativa correta:

(A) Na Internet, a velocidade de transmissão do enlace é chamada de largura de banda do enlace e, é chaveada automaticamente pelos controladores da rede que fazem parte da subrede em uso numa dada instância de tempo, de acordo com a demanda.

(B) Na Internet, a velocidade de transmissão do enlace é chamada de largura de banda do enlace e é medida em bits por segundo.

(C) Na Internet, a velocidade de transmissão do enlace é chamada de largura de banda do enlace e é chaveada automaticamente pelos circuitos dedicados e virtuais que fazem parte da subrede em uso numa dada instância de tempo, de acordo com a demanda.

(D) Na Internet, o caminho que a informação transmitida percorre do sistema final de origem, passando por uma série de enlaces de comunicação e roteadores, para o sistema final de destino é conhecido como topologia da rede.

(E) Na Internet, os sistemas finais são conectados entre si por enlaces de comunicação, que podem ser constituídos exclusivamente de meios físicos.

Comentários: a alternativa correta é a B.

8.1 MODELO OSI

277) A camada do modelo OSI (*Open Systems Interconnection*) que cuida da sintaxe e da semântica das informações transmitidas com o objetivo de permitir a transferência de dados entre entidades com diferentes representações de dados é a camada de

(A) sessão; (B) apresentação; (C) transporte; (D) aplicação.

Comentários: a alternativa correta é a B (camada de apresentação). As camadas do modelo de referência OSI são as seguintes: 1) camada física; 2) camada de enlace; 3) camada de rede; 4) camada de transporte; 5) camada de sessão; 6) camada de apresentação; 7) camada de aplicação. A alternativa A (camada de sessão) é aquela que permite que usuários de diferentes máquinas estabeleçam sessões entre eles. Os serviços realizados são: controle de diálogo (quem deve transmitir a cada momento), gerenciamento de token (para impedir que duas máquinas tentem executar sessão crítica ao mesmo tempo) e sincronização (que permite que transmissões longas parem e reiniciem do ponto onde ocorreu interrupção). A alternativa C (camada de transporte) é aquela que recebe dados da camada superior (sessão), divide-os em unidades menores e repassa-as para a camada de rede. A camada de transporte deve garantir que todos os dados chegarão corretamente ao destino. Esta é a camada que realiza o controle fim-a-fim. Tarefas mais comuns realizadas pelos protocolos desta camada: transferência básica de dados, multiplexação, abertura de conexões, controle de fluxo e congestionamento. A alternativa D (camada de aplicação) é aquela que contém os protocolos que implementam as aplicações dos usuários de fato (CAMATTA et als.).

8.2 CRIPTOGRAFIA

278) O tipo de criptografia que é composto por um algoritmo e um par de chaves, pública e privada, geralmente denotada por k+ e k-, respectivamente, e em que uma mensagem cifrada com a chave k+ só pode ser decifrada com a chave k- e vice-versa é chamada de

(A) funções hash; (B) criptografia simétrica; (C) criptografia assimétrica; (D) cifra de césar.

Comentários: a alternativa correta é a C (criptografia assimétrica). As funções hash (alternativa A) são funções matemáticas que transformam um texto em uma sequência de caracteres de tamanho fixo (128, 160, 512 bits, por exemplo), independente do tamanho do texto. A sequência de caracteres gerada é conhecida como resumo da mensagem. A segurança das funções hash se baseia no fato de elas serem funções só de ida. A saída de uma função hash não é dependente da entrada, de uma forma clara, o que na prática torna impossível alterar uma mensagem de modo que o mesmo hash seja gerado e a mensagem continue fazendo sentido. Boas funções hash são aquelas que garantem que seja computacionalmente impossível gerar a mensagem original a partir de seu hash. A criptografia simétrica (alternativa B) é aquela composta por uma chave e um algoritmo que pode ser executado no modo de encriptação, para cifrar uma mensagem, ou decriptação, para decifrá-la. A chave utilizada na encriptação e na decriptação é a mesma e deve ser mantida em segredo entre as partes comunicantes. Os algoritmos de criptografia simétrica geralmente são baseados em operações de shift (deslocamento) e XOR, o que garante que sejam muito eficientes e de fácil implementação em hardware. A cifra de César (alternativa D) é um método de criptografia do tipo chave simétrica, em que cada letra do texto cifrado recebe a letra do texto aberto mais uma constante, com rotação no alfabeto. Outros exemplos de cifras do mesmo tipo são: a cifra monoalfabética (cada letra do texto aberto é substituída por uma outra única letra) e a cifra polialfabética (são usadas várias cifras de César para se levar em consideração a posição da letra no texto; ou seja, a constante de César se modifica em função da posição da letra no texto aberto (CAMATTA et als.).

8.3 HACKERS, VÍRUS E TIPOS DE ATAQUES

279) O ciberataque em que um *hacker* envia uma inundação (*flood*) de pacotes de dados para o computador-alvo, visando a sobrecarregar seus recursos é o(a)

(A) negação de serviço (DoS); (B) engenharia social; (C) *phishing*; (D) *spoofing*.

Comentários: a alternativa correta é a A (negação de serviço; em inglês denial-of-service, DoS). A engenharia social (alternativa B) é a técnica de influenciar pessoas por meio da persuasão, com o objetivo de fazer com que alguém faça algo ou forneça alguma informação a pedido de alguém não autorizado a ter acesso ao que é pedido. O phishing (alternativa C) é um tipo de fraude eletrônica projetada para furtar informações particulares (valiosas), utilizando pretextos falsos, tentando enganar o receptor da mensagem, induzindo-o a fornecer números de cartões de crédito, senhas, dados de contas bancárias ou outras informações sigilosas. O spoofing (alternativa D) é o método de ataque que consiste em forjar um endereço de e-mail ou página web para levar os usuários a fornecer informações ou mesmo dinheiro. O computador A envia comandos ao B, dando a impressão de que os comandos vieram do computador C. Desta forma, enganando o usuário em B (TURBAN et als, 2005) (CAMATTA et als.).

280) O tipo de vírus de computador que é um programa que, além de executar funções para as quais foi aparentemente projetado, executa também outras funções normalmente maliciosas e sem o conhecimento do usuário (como alteração ou destruição de arquivos, furto de senhas e números de cartões de créditos, inclusão de *backdoors*) é o

(A) *worm*; (B) *spyware*; (C) *IP spoofing*; (D) cavalo de Troia (Trojan).

Comentários: a alternativa correta é a D (cavalo de Troia – Trojan). O worm (alternativa A) é um programa completo capaz de se propagar automaticamente pelas redes, enviando cópias de si mesmo de computador para computador. A propagação ocorre pela exploração de vulnerabilidades existentes ou falhas na configuração do software instalado nos computadores. O worm pode trazer, embutidos, programas que criam algum tipo de problema ou que tornam vulnerável o computador a outros ataques. O spyware – software espião (alternativa B) é um arquivo ou um aplicativo instalado em um computador, às vezes sem consentimento ou autorização. Os spyware monitoram ou capturam informações dos usuários, enviando-as para servidores onde são armazenadas, em geral, para fins comerciais. Estas informações são depois vendidas para fornecedores de produtos e serviços, que as difundem na forma de spam. O IP Spoofing (alternativa C) consiste na troca do IP original por outro, podendo assim se passar por outro host. O cavalo de Troia ou Trojan (alternativa D) é um programa que executa funções além daquelas para a qual foi projetado; estas funções normalmente são maliciosas e o usuário não tem conhecimento delas; por exemplo: alteração ou destruição de arquivos, furto de senhas e números de cartões de crédito, inclusão de backdoors. Este programa não se replica, não infecta outros arquivos ou propaga cópias de si automaticamente. Ele necessita ser executado explicitamente. Exemplos de cavalos de Troia: programas recebidos como jogos ou protetores de tela (CAMATTA et als.).

281) O tipo de ataque que consiste de fraude eletrônica com o objetivo de roubar informações valiosas particulares, usando pretextos falsos, tentando enganar o receptor da mensagem e induzi-lo a fornecer informações sensíveis (números de cartões de crédito, senhas, dados de contas bancárias) é o

(A) *spoofing*; (B) DDoS (*Distributed Denial of Service*); (C) *phishing*; (D) engenharia social.

Comentários: a alternativa correta é a C. Os itens das alternativas já foram comentados nas questões 279 e 280.

282) O termo usado para designar quem quebra um sistema de segurança na Internet de forma ilegal ou sem ética é:
(A) hacker; (B) cracker; (C) phreacker; (D) lammer.
Comentários: a alternativa correta é a B. A alternativa A (hacker) designa um expert que apresenta soluções para problemas técnicos relativos à internet. A alternativa C (phreacker) designa o hacker especialista em telefonia móvel ou fixa. A alternativa D (lammer) designa um indivíduo que não tem domínio dos conhecimentos de programação, porém tenta passar por cracker a fim de obter fama (CAMATTA et als.).

283) Com base na divisão dos protocolos de comunicação em camadas, assinale a alternativa correta.
(A) O modelo de protocolos em camadas define que protocolos são utilizados entre as camadas de um mesmo hospedeiro; (B) No modelo em camadas, cada camada suporta apenas um único protocolo; (C) O uso de camadas em protocolos de comunicação surgiu para diminuir o overhead; (D) Uma camada pode oferecer um serviço confiável para uma camada acima, mesmo que a camada abaixo não seja confiável; (E) A arquitetura TCP/IP padroniza os protocolos das camadas física e de enlace.
(POSCOMP/2011)
Comentários: a alternativa correta é a D. De modo geral, pode-se dizer que o projeto de software em camadas tem como vantagens a implementação de dada funcionalidade restrita àquela camada, o que possibilita que determinadas alterações no software fiquem restritas a uma camada específica.

8.4 WEB SERVICES

284) O padrão fundamental que possibilita comunicações entre *web services* e que define como as interfaces dos *web services* podem ser representadas é o
(A) SOAP; (B) WSDL; (C) UDDI; (D) ORB.
Comentários: a alternativa correta é a B (WSDL – Web Services Description Language). A alternativa A (SOAP – Simple Object Access Protocol) é o protocolo que define uma organização para troca estruturada de dados entre Web Services. A alternativa C (UDDI – Universal Description Discovery) é o padrão de descoberta que define como as informações de descrição do serviço, usadas pelos solicitantes do serviço para descobrir serviços, pode ser organizada. A alternativa D (ORB – Object Request Broker) é um dos elementos principais do padrão CORBA; trata-se de um requisitor de objetos que gerencia solicitações para serviços de objetos. O ORB localiza o objeto que fornece o serviço, prepara-o para uma solicitação, envia o serviço solicitado e retorna o resultado ao solicitante (SOMMERVILLE, 2007).

285) Dentre as tecnologias padronizadas pelo W3C, a linguagem baseada em XML para descrição de web services e como acessá-los é a
(A) OWL; (B) WSDL; (C) SMIL; (D) XSL.
Comentários: a alternativa correta é a B (WSDL – Web Services Description Language). A alternativa A (OWL – Web Ontology Language) é uma linguagem para definir e instanciar ontologias na Web. Uma ontologia OWL pode incluir descrições de classes e suas respectivas propriedades e relacionamentos. Esta linguagem foi projetada para aplicações que precisam processar o conteúdo da informação em vez de apresentá-la aos usuários. A alternativa C (SMIL – Syncronized Multimedia Integration Language) é uma linguagem baseada em XML, que trabalha com tags semelhantes ao HTML, e que pode ser editado por qualquer editor de texto, visto que os elementos multimídias não são inseridos, apenas são referenciados. A alternativa D (XSL – Extensible Markup Language) é uma linguagem que define as folhas de estilo padrão para o XML. (SOMMERVILLE, 2007).

286) Entre os padrões principais definidos para apoiar os *web services*, o padrão para uma linguagem de *workflow* usado para definir programas de processos que envolvem vários serviços diferentes é o:
(A) SOAP; (B) WSDL; (C) UDDI; (D) WS-BPEL.
Comentários: a alternativa correta é a D. Os itens das alternativas foram definidos nos comentários das questões 284 e 285.

9. SEGURANÇA DA INFORMAÇÃO

287) Há princípios básicos que norteiam a implementação da Segurança da Informação. Dentre eles, aquele que assegura que toda informação deve ser protegida de acordo com o grau de sigilo de seu conteúdo, visando a limitação de seu acesso e uso apenas às pessoas para quem elas são destinadas é o princípio de:
(A) Disponibilidade; (B) Confidencialidade; (C) Integridade; (D) Autenticação.
Comentários: a alternativa correta é a B (confidencialidade). A disponibilidade (alternativa A) é o princípio básico da segurança da informação pelo qual toda informação gerada ou adquirida por um indivíduo ou instituição deve estar disponível aos seus usuários no momento em que eles necessitam delas para qualquer finalidade. A integridade (alternativa C) é o princípio básico da segurança da informação pelo qual toda informação deve ser mantida na mesma condição em foi disponibilizada pelo seu proprietário, visando protegê-las contra alterações indevidas, intencionais ou acidentais. A autenticação (alternativa D) não é um dos princípios básicos da segurança da informação: trata-se de um

aspecto essencial da segurança da informação, da mesma forma que a legalidade (SÊMOLA, 2003).

288) Dada a amplitude e a complexidade do papel de Segurança da Informação, dispõem-se os desafios em um modelo conceitual em camadas ou fases, particionando o trabalho, para tornar mais claro o entendimento de cada camada. Estas camadas constituem as chamadas barreiras de segurança.

Identifique a alternativa que apresenta a última barreira de segurança do modelo conceitual, encarregada da análise de riscos (em que são consi-derados aspectos tecnológicos, físicos e humanos e as necessidades específicas dos processos de negócios da empresa):

(A) Desencorajar as ameaças aos ativos da empresa; (B) Diagnosticar os riscos que as ameaças representam para os ativos da empresa; (C) Dificultar o acesso indevido aos ativos da empresa; (D) Deter a ameaça para que não atinja os ativos da empresa.

Comentários: a alternativa correta é a B. A alternativa A contém a primeira barreira – desencorajar as ameaças. A alternativa C contém a segunda barreira – dificultar o acesso indevido aos ativos da empresa. A terceira barreira visa discriminar e gerir os acessos, definindo perfis e autorizando permissões. A quarta barreira visa detectar as situações de risco. A alternativa D contém a quinta barreira – deter a ameaça para que não atinja os ativos da empresa (SÊMOLA, 2003).

289) Há três princípios básicos que norteiam a implementação da Segu-rança da Informação. Identifique a alternativa que contém dois destes princípios:

(A) Confidencialidade, legalidade; (B) Disponibilidade, confidencialidade; (C) Integridade, autenticação; (D) Legalidade, integridade.

Comentários: a alternativa correta é a B. Os princípios básicos da Segurança da Informação foram definidos no comentário da questão 287.

10. PACOTES DE SOFTWARE

10.1 WORD

290) No Word 2007, para mudar a opção de hifenização utilizada na edi-ção de um texto, deve-se

(A) na guia **Início**, no grupo **Parágrafo**, clicar em **Hifenização** e sele-cionar a opção de hifenização desejada.

(B) na guia **Inserir**, no grupo **Páginas**, clicar em **Hifenização** e selecionar a opção de hifenização desejada.
(C) na guia **Exibição**, no grupo **Mostrar/Ocultar**, clicar em **Hifenização** e selecionar a opção de hifenização desejada.
(D) na guia **Layout da Página**, no grupo **Configurar Página**, clicar em **Hifenização** e selecionar a opção de hifenização desejada.
Comentários: a alternativa correta é a D. As alternativas A, B e C apresentam descrições de guia/grupo/funcionalidade incompatíveis com o Word 2007.

291) No Word 2007, para contar o número de palavras de um trecho de texto, depois de selecionar o trecho, deve-se
(A) na guia **Início**, no grupo **Revisão de Texto**, clicar em **Contar Palavras**.
(B) na guia **Inserir**, no grupo **Revisão de Texto**, clicar em **Contar Palavras**.
(C) na guia **Layout da Página**, no grupo **Revisão de Texto**, clicar em **Contar Palavras.**
(D) na guia **Revisão**, no grupo **Revisão de Texto**, clicar em **Contar Palavras.**
Comentários: a alternativa correta é a D. As alternativas A, B e C apresentam descrições de guia/grupo/funcionalidade incompatíveis com o Word 2007.

292) No Word 2007, para alterar o espaçamento entre linhas, depois de selecionar o trecho em que se deseja seja aplicado o espaçamento, deve-se
(A) Na guia **Inserir**, no grupo **Parágrafo**, clicar em **Espaçamento entre linhas** e selecionar o espaçamento desejado.
(B) Na guia **Início**, no grupo **Parágrafo**, clicar em **Espaçamento entre linhas** e selecionar o espaçamento desejado.
(C) Na guia **Layout da Página**, no grupo **Parágrafo**, clicar em **Espaçamento entre linhas** e selecionar o espaçamento desejado.
(D) Na guia **Exibição**, no grupo **Parágrafo**, clicar em **Espaçamento entre linhas** e selecionar o espaçamento desejado.
Comentários: a alternativa correta é a B. As alternativas A, C e D apresentam descrições de guia/grupo/funcionalidade incompatíveis com o Word 2007.

293) No Word 2007, para inserir um comentário de revisão de texto, depois de selecionar o texto ou o item sobre o qual você deseja fazer um comentário, deve-se:

(A) Na guia **Inserir,** no grupo **Comentários** clique em **Novo Comentário** e depois digite o texto do comentário no balão.
(B) Na guia **Referências**, no grupo **Legendas** clique em **Novo Comentário** e depois digite o texto do comentário no balão.
(C) Na guia **Revisão**, no grupo **Comentários** clique em **Novo Comentário** e depois digite o texto do comentário no balão.
(D) Na guia **Exibição,** no grupo **Comentários** clique em **Novo Comentário** e depois digite o texto do comentário no balão.
Comentários: a alternativa correta é a C. As alternativas A, B e D apresentam descrições de guia/grupo/funcionalidade incompatíveis com o Word 2007.

294) No Word 2007, para alterar o espaçamento entre linhas, deve-se:
(A) Na guia **Inserir**, no grupo **Parágrafo**, clicar em **Espaçamento entre linhas**, e selecionar o espaçamento desejado.
(B) Na guia **Início**, no grupo **Parágrafo**, clicar em **Espaçamento entre linhas**, e selecionar o espaçamento desejado.
(C) Na guia **Layout da Página**, no grupo **Configurar Página**, clicar em **Espaçamento entre linhas**, e selecionar o espaçamento desejado.
(D) Na guia **Exibição**, no grupo **Mostrar/Ocultar,** clicar em **Espaçamento entre linhas**, e selecionar o espaçamento desejado
Comentários: a alternativa correta é a B. As alternativas A, C e D apresentam descrições de guia/grupo/funcionalidade incompatíveis com o Word 2007.

10.2 EXCEL

295) No Excel 2007, para mudar a orientação da página (de retrato para paisagem ou vice-versa), deve-se
(A) na guia **Início**, no grupo **Alinhamento**, clicar em **Orientação da Página** e selecionar a orientação desejada.
(B) na guia **Inserir**, no grupo **Texto**, clicar em **Orientação da Página** e selecionar a orientação desejada.
(C) na guia **Layout da Página**, no grupo **Configurar Página**, clicar em **Orientação da Página** e selecionar a orientação desejada.
(D) na guia **Exibição**, no grupo **Mostrar/Ocultar**, clicar em **Orientação da Página** e selecionar a orientação desejada.
Comentários: a alternativa correta é a C. As alternativas A, B e D apresentam descrições de guia/grupo/funcionalidade incompatíveis com o Excel 2007.

296) No Excel 2007, para definir o formato do papel a ser utilizado na impressão, deve-se:

(A) Na guia **Inserir**, no grupo **Configurar Página**, clique em **Tamanho** e depois selecione o formato do papel.
(B) Na guia **Layout da Página**, no grupo **Configurar Página**, clique em **Tamanho** e depois selecione o formato do papel.
(C) Na guia **Início**, no grupo **Configurar Página**, clique em **Tamanho** e depois selecione o formato do papel.
(D) Na guia **Exibição**, no grupo **Configurar Página**, clique em **Tamanho** e depois selecione o formato do papel.
Comentários: a alternativa correta é a B. As alternativas A, C e D apresentam descrições de guia/grupo/funcionalidade incompatíveis com o Excel 2007.

10.3 POWERPOINT

297) No PowerPoint, para mudar a orientação dos slides (de retrato para paisagem ou vice-versa), deve-se
(A) na guia **Início**, no grupo **Slides**, clicar em **Orientação do Slide** e selecionar a orientação desejada.
(B) na guia **Inserir**, no grupo **Texto**, clicar em **Orientação do Slide** e selecionar a orientação desejada.
(C) na guia **Design**, no grupo **Configurar Página**, clicar em **Orientação do Slide** e selecionar a orientação desejada.
(D) na guia **Exibição**, no grupo **Modos de Exibição de Apresentação**, clicar em **Orientação do Slide** e selecionar a orientação desejada.
Comentários: a alternativa correta é a C. As alternativas A, B e D apresentam descrições de guia/grupo/funcionalidade incompatíveis com o Powerpoint 2007.

11. MISCELÂNEA

298) Dentre as definições a seguir, conceitos de computação evolutiva da Inteligência Artificial, qual delas é incorreta?
(A) A computação evolutiva deve ser entendida como um conjunto de técnicas e procedimentos genéricos e adaptáveis, a serem aplicados na solução de problemas complexos, para os quais outras técnicas conhecidas são ineficazes ou nem sequer são aplicáveis.
(B) Os sistemas baseados em computação evolutiva mantêm uma população de soluções potenciais, aplicam processos de seleção baseados na adaptação de um indivíduo e também empregam outros operadores "genéticos."

(C) A roleta é um método de seleção no qual se atribui a cada indivíduo de uma população uma probabilidade de passar para a próxima geração proporcional ao seu *fitness*, medido em relação à somatória do *fitness* de todos os indivíduos da população. Assim, algoritmos genéticos são métodos de busca puramente aleatórios.

(D) Os algoritmos genéticos empregam uma terminologia originada da teoria da evolução natural e da genética. Um indivíduo da população é representado por um único cromossomo, o qual contém a codificação (genótipo) de uma possível solução do problema (fenótipo).

(E) O processo de evolução executado por um algoritmo genético corresponde a um procedimento de busca em um espaço de soluções potenciais para o problema. (POSCOMP/2005)

Comentários: a alternativa correta é a C.

299) Com relação aos Paradigmas de Linguagens de Programação e as linguagens apresentadas na segunda coluna abaixo, relacione a primeira coluna com a segunda considerando a linguagem que melhor representa cada paradigma.

(I) Programação Imperativa   (A) Linguagem Scheme
(II) Programação Orientada a Objetos (B) Linguagem Smalltalk
(III) Programação Funcional   (C) Linguagem Pascal
(IV) Programação Lógica   (D) Linguagem Prolog

Assinale a alternativa que contém a associação correta.
(A) I-A, II-B, III-D, IV-C; (B) I-B, II-A, III-C, IV-D; (C) I-C, II-A, III-B, IV-D; (D) I-C, II-B, III-A, IV-D; (E) I-D, II-C, III-B, IV-A.   (POSCOMP/2011)

Comentários: a alternativa correta é a D.

300) Em relação à arquitetura cliente/servidor, usada na implementação de sistemas distribuídos, analise as seguintes afirmativas:

I. A arquitetura cliente/servidor define um modelo de interação entre processos clientes e servidores que resolve o problema do *rendezvous*: clientes iniciam a comunicação e servidores esperam por requisições.

II. Em servidores sem estado (informações de estado não são mantidas entre o processamento de requisições), o significado de uma mensagem do cliente não deve depender da sequência de mensagens anteriores.

III. Um programa cliente individual opera como um programa convencional, ele não precisa gerenciar concorrência explicitamente na comunicação com o servidor.

Assinale a alternativa *CORRETA:*

(A) Apenas a afirmativa I é verdadeira; (B) Apenas a afirmativa II é verdadeira; (C) Apenas a afirmativa III é verdadeira; (D) Apenas as afirmativas I e II são verdadeiras; (E) Todas as afirmativas são verdadeiras. (POSCOMP/2011)
Comentários: a alternativa correta é a E.

301) Considerando o conceito de sistema, trazido pela Teoria Geral de Sistemas, um processo de desenvolvimento de *software* poderia ser considerado como um sistema aberto.
Nessa perspectiva, solicitações de mudanças originadas de um *stakeholder* externo e que afetam o projeto podem ser consideradas como
(A) ambiente; (B) entrada; (C) *feedback*; (D) processos; (E) saída.
(ENADE/2011)
Comentários: a alternativa correta é a B.

302) O planejamento estratégico de sistemas de informação pode ser entendido como o processo de identificação de um porta-fólio computadorizado de aplicações que dá suporte ao plano de negócios das organizações. Os principais objetivos do processo de planejamento estratégico de sistemas de informação não incluem
(A) o alinhamento das estratégias da área de SI com as estratégias do negócio; (B) O comprometimento da alta administração pela alocação dos recursos e resultados intermediários e incrementais; (C) A melhoria do desempenho da área de SI, seja pela alocação mais eficaz de recursos, seja pelo aumento de produtividade dos profissionais; (D) A antecipação de tendências, envolvendo inovação tecnológica contínua; (E) A identificação, a avaliação e a validação dos controles relacionados aos sistemas de informação existentes, do ponto de vista de sua eficiência e eficácia.
(ENADE/2005)
Comentários: a alternativa correta é a E.

303) O objetivo da Teoria Geral dos Sistemas (TGS) é a formulação dos princípios válidos para os sistemas em geral, qualquer que seja a natureza dos elementos que os compõem e as relações ou forças existentes entre elas. Na área de sistemas de informação, diversos problemas requerem abordagem multidisciplinar para serem resolvidos. Por exemplo, na área de desenvolvimento de software, a especificação de requisitos apresenta vários desafios desse tipo, tais como aspectos de relacionamento inter-

pessoal, conhecimento do negócio, resolução de conflitos, diferenças culturais etc. Os propósitos da TGS que podem contribuir para a resolução desses problemas incluem

I – o incentivo à especialização total das áreas do conhecimento.

II – o desenvolvimento dos princípios unificadores que transcendem o universo das ciências individuais.

III – a integração de contribuições de várias ciências na busca de solução dos problemas.

IV – o desenvolvimento de princípios únicos para cada área do conhecimento.

V – o desenvolvimento de estudos que visem à ampliação da separação entre as ciências naturais e sociais.

Estão certos apenas os itens

(A) I e II; (B) I e V; (C) II e III; (D) III e IV; (E) IV e V.   (ENADE/2005)

Comentários: a alternativa correta é a C. Sobre a afirmativa I: a TGS vai no sentido contrário ao que está expresso: visa a unidade das áreas de conhecimento. Sobre a afirmativa IV: ao contrário, a TGS busca princípios aplicáveis a todas as áreas. Sobre a afirmativa V: como frisado, a TGS não busca a separação das ciências. (FURTADO & COSTA JUNIOR, 2010).

304) Um estudo recente realizado pela Associação Brasileira das Empresas de Software (ABES) e a *Business Software Alliance* (BSA) mostra uma redução na pirataria de software no mundo e no Brasil, de 1994 a 2002. Com relação a esse assunto, julgue os itens a seguir.

I – A redução da pirataria de software no contexto brasileiro traz benefícios para a criação de empregos, aumento da arrecadação de impostos e aumento no faturamento da economia.

II – A reprodução de software original ou autorizado para fins de segurança ou backup é também considerada pirataria de software.

III – As iniciativas antipirataria devem incluir ações de conscientização, educação e atuação direta sobre os contraventores.

IV – A pirataria de software é uma atividade criminosa, contudo não há no Brasil, ainda, legislação específica que regulamente essa questão.

Estão certos apenas os itens

(A) I e II; (B) I e III; (C) II e III; (D) II e IV; (E) III e IV.   (ENADE/2005)

Comentários: a alternativa correta é a B. Sobre a afirmativa II: a reprodução de software original para backup não constitui pirataria. Sobre a afirmativa IV: há legislação específica: a lei 9609 de 19/2/1998 dispõe sobre a propriedade intelectual de programa de computador e a comercialização no País.

12. QUESTÕES DISCURSIVAS

Cada vez mais os concursos ampliam suas exigências em razão do crescente número de candidatos, estabelecendo-se, às vezes, relações de candidatos/vaga superiores a várias dezenas e até centenas. Os editais passam a incorporar questões subjetivas, discursivas, em que o candidato é instado a responder em 20 linhas, 30 linhas, no máximo, dada questão. Ou então incluem uma prova prática realizada depois da prova objetiva (questões de múltipla escolha). O ENADE (Exame Nacional dos Cursos), realizado pelo MEC para avaliar os estudantes dos cursos de graduação do País, conta com questões objetivas e subjetivas, na mesma prova. Como o número de candidatos é muito grande, a primeira parte (questões objetivas) serve para reduzir o número daqueles que se submeterão à segunda parte (questões subjetivas, discursivas). A primeira parte (questões objetivas) tem correção fácil (corrigida por computador, com base em formulário preenchido pelos candidatos). A segunda parte exige correção manual, com definição de critérios bem definidos, para tratar a subjetividade presente. Pode-se avaliar também a capacidade de redação do candidato (ortografia, concordância, concisão, acentuação, etc.)

Como exemplo de forma como este tipo de questões aparecem em concursos, apresentamos a seguir uma questão de um concurso público para analista de sistemas, com a definição dos critérios adotados pela banca examinadora na correção.

Considere um sistema de informação de produção científica de uma universidade. Considere que o sistema envolve o cadastramento de projetos de pesquisa, o cadastramento de pesquisadores e colaboradores, o processamento de atualizações em projetos de pesquisa e no cadastro de pesquisadores e colaboradores, a emissão de catálogos de pesquisa por área de conhecimento e a emissão de estatísticas mensais de alocação de carga horária de pesquisadores e colaboradores.

Com relação à breve descrição acima:

a) Desenhe o diagrama de casos de uso correspondente à descrição apresentada (2 pontos).

b) Descreva o caso de uso correspondente ao cadastro de projeto de pesquisa (especificar atores, pré-condições, pós-condições e fluxo principal) (2 pontos).

142

c) Descreva o tratamento de exceção do caso de uso de cadastro de projeto de pesquisa, levando em conta.

    c.1) pesquisador não pode ser cadastrado (carga horária de pesquisa excede limite máximo permitido);

    c.2) área de conhecimento não cadastrada (2 pontos).

d) Elabore um diagrama de classes correspondente à descrição apresentada (2 pontos).

e) Elabore um diagrama de sequência correspondente a um cenário de cadastro de projeto de pesquisa (2 pontos).

Observação: Os pontos em aberto no enunciado acima deverão ser detalhados pelo candidato para garantir a consistência, a abrangência e a correção de sua resposta.

QUESTÃO DISCURSIVA

A) Diagrama de Casos de Uso: conforme o enunciado apresentado os seguintes casos de uso poderiam ser identificados. Os nomes dos casos de uso escolhidos são apenas uma referência, já que cada modelador pode escolher um título diferente. O mesmo vale para as classes e os objetos dos diagramas seguintes.

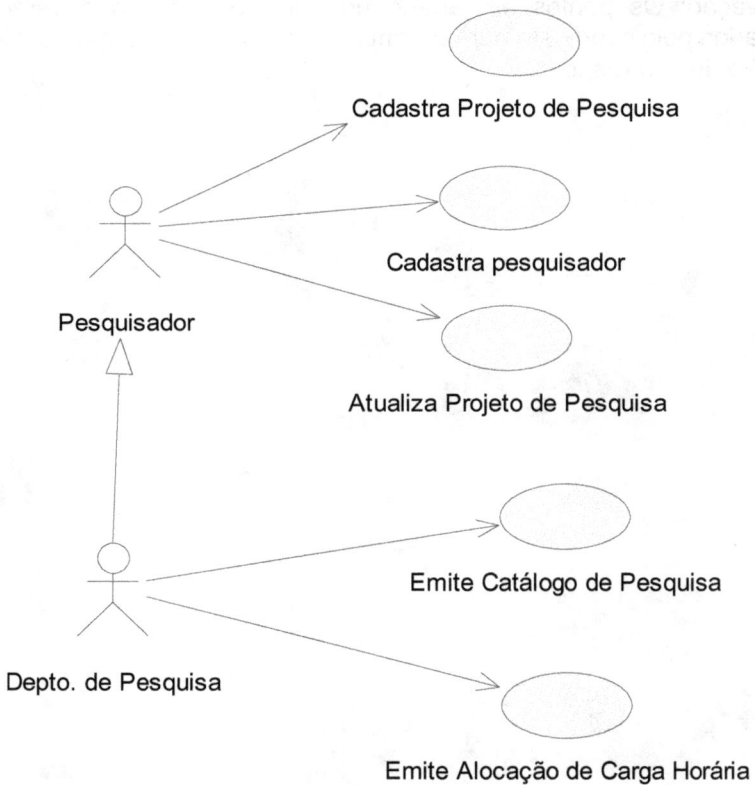

Cadastra Projeto de Pesquisa

Cadastra pesquisador

Pesquisador

Atualiza Projeto de Pesquisa

Emite Catálogo de Pesquisa

Depto. de Pesquisa

Emite Alocação de Carga Horária

B) Caso de uso: Cadastra Projeto de Pesquisa.

Descrição: faz o cadastramento completo de um projeto de pesquisa, incluindo cadastramento de pesquisadores, instituições parceiras, recursos financeiros alocados, recursos materiais necessários, e demais informações constantes do formulário de cadastramento de projetos.

Ator primário: Pesquisador, Depto.de Pesquisa.

Pré-condições: O pesquisador foi identificado pelo sistema.

Fluxo principal:

1. O pesquisador solicita o cadastramento de projeto de pesquisa.
2. O sistema exibe formulário de entrada de projeto de pesquisa.
3. O pesquisador digita os dados constantes do formulário.
4. O sistema verifica a validade dos dados digitados. Se os dados forem válidos, inclui o novo projeto de pesquisa no banco de dados, caso contrário o sistema exibe mensagem indicativa de erro, solicita novos dados e repete a verificação.
5. Se o pesquisador deseja continuar cadastramento, o caso de uso retorna ao passo 2, caso contrário o caso de uso termina.

Pós-condições: A operação de cadastramento do(s) projeto(s) de pesquisa foi executada.

C) Tratamento de exceção:

C.1) Pesquisador não pode ser cadastrado (carga horária excede limite máximo permitido):

a. Se a carga horária do pesquisador excede o limite máximo para projeto de pesquisa, pesquisador digita nova carga horária e submete ao sistema para avaliação ou cancela participação no projeto.

b. Se carga horária é válida ou a participação do pesquisador foi cancelada no projeto, retorna ao fluxo principal para prosseguir cadastramento de projeto de pesquisa.

C.2 Área de conhecimento não cadastrada:

a. O pesquisador informa dados da área de conhecimento.

b. O sistema valida dados da área de conhecimento.

c. Se dados inválidos, o sistema exibe mensagem indicativa de erro, solicita novos dados e repete verificação; se dados válidos, retorna ao fluxo principal para prosseguir cadastramento de projeto de pesquisa.

D) Diagrama de classes:

Classes identificadas:

1) Projeto de Pesquisa (possíveis atributos: período de execução, título, área de conhecimento, unidade executora, endereço, município, CEP, UF, telefone-fax, email, Outras instituições participantes, introdução, objetivos gerais, objetivos específicos, metodologia, metas, bibliografia, equipe – pesquisador/coordenador (*), colaboradores (*), contribuições científicas, cronograma de atividades, recursos financeiros, recursos materiais, serviços de terceiros.

2) Pesquisador (atributos: matrícula, nome completo, titulação máxima, unidade/faculdade, função (CD – coordenador, CL – colaborador, CS – consultor), carga horária alocada).

3) Área de conhecimento: código da área de conhecimento, descrição da área de conhecimento.

Abaixo é apresentado um diagrama de classes básico para o enunciado apresentado:

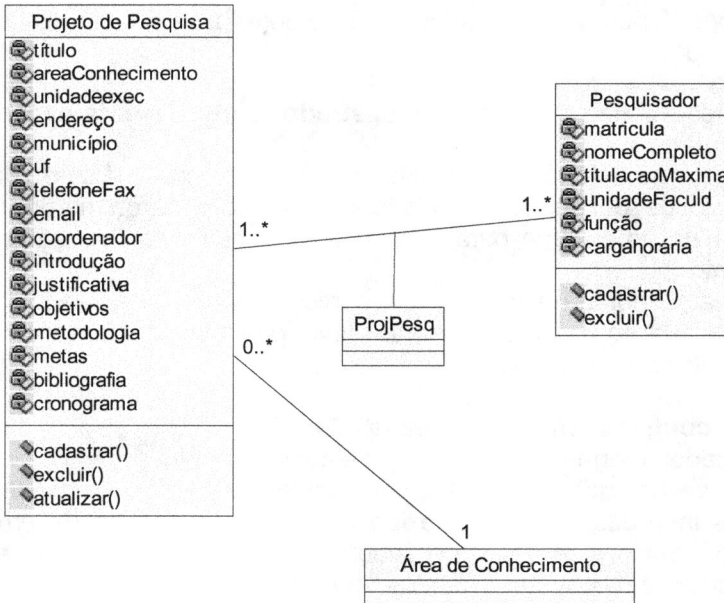

E) Diagrama de sequência:

O diagrama deve apresentar a interação com ordenação temporal da troca de mensagens para implementar um cenário de Cadastramento de Projeto de Pesquisa, em consonância com o diagrama de classes elaborado na questão anterior. Deve prever a interação entre o ator Pesquisador e o objeto de <<fronteira>> InterfaceSistema e os objetos ProjetoDePesquisa, Projesq, Pesquisador e ÁreaDeConhecimento.

CRITÉRIOS DE AVALIAÇÃO:

A) **DIAGRAMA DE CASOS DE USO**:

Pontos a considerar:
- Agrupamento dos casos de uso em subsistemas, se necessário (casos de uso afins);
- Utilização de inclusão/extensão para melhor detalhamento dos casos de uso;
- Identificação de todos os atores envolvidos no sistema (pesquisador, colaborador, gerente do departamento de pesquisas);
- identificação de todos os casos de uso indicados no enunciado.
- utilização de herança de atores, se necessário.

B) **ESPECIFICAÇÃO DE CASO DE USO**:
- Todos os atores primários e secundários indicados corretamente;
- Pré-condições e pós-condições formuladas adequadamente;
- Fluxo principal bem especificado.

C) **TRATAMENTO DE EXCEÇÃO**:
- Devida associação ao fluxo principal (item B);
- Especificação correta do caso de uso (lógica).

D) **DIAGRAMA DE CLASSES**:
- Identificação de todas as classes necessárias para realização das funcionalidades requeridas (por exemplo, controle da vigência de projetos de pesquisa, controle de alocação de carga horária, e outras).
- Correção de aspectos da notação UML empregada
- Especificação de atributos e métodos das classes
- Utilização de herança (se necessário)
- Utilização de multiplicidade

- Utilização de nomes de relacionamentos para tornar mais compreensível o diagrama
- Utilização de classes abstratas (se necessário).

E) DIAGRAMA DE SEQUÊNCIA:
- Identificação de todos os atores envolvidos no cenário do caso de uso, classes e mensagens necessárias à implementação do cenário de cadastramento de projeto de pesquisa;
- Correção e organização do diagrama e compatibilidade com os casos de uso da questão B.

REFERÊNCIAS

BALZERT, HEIDE. *UML 2: compacto*. Rio de Janeiro: Elsevier, 2008.

BARBOSA, SIMONE D. J.; **SILVA**, BRUNO S. *Interação Humano-computador*. Rio de Janeiro: Elsevier, 2010. (Série SBC, Sociedade Brasileira de Computação).

CAMATTA *et als*. *Handbook de TI para Concursos: o Guia Definitivo*. [s.l.]: [s.e.], [s.d].

DEITEL, H. M. *Java: como programar*. 6ª ed. São Paulo: Pearson Prentice Hall, 2007.

FERNANDES, AGUINALDO A. & ABREU, VLADIMIR FERRAZ de. *Implantando a Governança de TI: da Estratégia à Gestão dos Processos e Serviços*. 2ª ed. Rio de Janeiro: Brasport, 2008.

FURTADO, ALFREDO B. & COSTA JÚNIOR, JÚLIO V. da. *Prática de Análise e Projeto de Sistemas*. Belém: abfurtado.com.br, 2010.

FURTADO, ALFREDO B. & ARAÚJO, VALMIR VASCONCELOS de. *Curso de Construção de Algoritmos (com Java)*. Belém: abfurtado.com.br, 2013.

GUEDES, GILLEANES T. A. *UML 2: uma abordagem prática*. São Paulo: Novatec, 2009.

KERN, VINÍCIUS M. *Bancos de Dados Relacionais: Teoria e Prática de Projetos*. São Paulo: Érica, 1994.

MEIRELLES, FERNANDO DE S. *Informática: Novas Aplicações com Microcomputadores.* São Paulo: Makron Books, 1994.

O'BRIEN, JAMES A. *Sistemas de Informação e as Decisões Gerenciais na Era da Internet.* 2ª ed. São Paulo: Saraiva, 2004.

PRESSMAN, ROGER S. *Engenharia de Software*. São Paulo: McGraw-Hill, 2006.

SÊMOLA, MARCOS. *Gestão da Segurança da Informação: uma Visão Executiva*. Rio de Janeiro: Eleesevier, 2003.

SILVA, RICARDO P. *UML2: Modelagem Orientada a Objetos*. Florianópolis: Visual Books, 2007.

SOMMERVILLE, IAN. *Engenharia de Software*. 8ª ed. São Paulo: Pearson Addison-Wesley, 2007.

TURBAN, EFRAIN *et. als. Administração de Tecnologia da Informação: Teoria e Prática.* Rio de Janeiro: Elsevier, 2005.

VELOSO, PAULO *et. als. Estruturas de Dados.* 4ª ed. Rio de Janeiro: Campus, 1986.

www.ingramcontent.com/pod-product-compliance
Lightning Source LLC
Chambersburg PA
CBHW060500280326
41933CB00014B/2810